Crónica del Caso Maristas

Crónica del Caso Maristas

Guillem Sànchez

Barcelona • Madrid • Bogotá • Buenos Aires • Caracas • México D.F. • Miami • Montevideo • Santiago de Chile

La mayoría de los nombres que aparecen en este libro han sido modificados para proteger y respetar el derecho al honor y a la intimidad, así como para preservar la identidad de las víctimas y la presunción de inocencia de los profesores denunciados.

1.ª edición: enero 2017

© Guillem Sànchez, 2017
© Ediciones B, S. A., 2017
 Consell de Cent, 425-427 - 08009 Barcelona (España)
 www.edicionesb.com

Printed in Spain
ISBN: 978-84-666-6054-9
DL B 22130-2016

Impreso por QP PRINT

Todos los derechos reservados. Bajo las sanciones establecidas en el ordenamiento jurídico, queda rigurosamente prohibida, sin autorización escrita de los titulares del *copyright*, la reproducción total o parcial de esta obra por cualquier medio o procedimiento, comprendidos la reprografía y el tratamiento informático, así como la distribución de ejemplares mediante alquiler o préstamo públicos.

*A todas las personas que creyeron
que había llegado la hora de recordar.*

*A mis compañeros Albalat,
Chusa, Mauri y Vendrell.*

A Anna.

1

El origen

Me contó su historia el jueves 4 de febrero. Toda la información que Manuel Barbero me dio ese día olía igual que las pesadillas que habitan en las buenas ficciones. Eso me asustó porque yo no era ningún escritor. Era un redactor de sucesos que acababa de llegar a *El Periódico* —casi por accidente— y que se moría de ganas de regresar con una buena historia a la redacción. Por eso tuve miedo la primera vez que vi a Manuel, porque sabía que corría el peligro de confundir espejismos con noticias tan malas que solo los periodistas pueden desear que sean de verdad. Sin embargo, lo que ocurrió a partir de ese día no demostró únicamente que hablaba de cosas ciertas sino también que todas estas, y eso ni siquiera lo sabía él, resultaron ser tan solo una pequeña parte de algo todavía más grande y más difícil de creer. Con la historia de este padre empezó el escándalo de pederastia que sacudió los colegios religiosos de los Hermanos Maristas.

Manuel llegó al café de Les Paraules sobre la una y media del mediodía. Apareció enfundado en un uniforme de electricista y barrió con la mirada el interior de la cafetería hasta que dio conmigo, un tipo cansado de esperarle que hacía añicos una servilleta de papel sobre la última mesa del bar. Nos dimos la mano y él se percató enseguida de que los clientes que teníamos al lado podrían escucharnos sin problemas. Noté que eso le incomodaba. Le propuse trasladarnos a la terraza, donde el ruido de los coches de la avenida Tarradellas nos dio la discreción que necesitaba Manuel para contarme su historia. Pidió un refresco de naranja, tomó de su carpeta algunos documentos que apoyó sobre la mesa y, sin sacarse el chaleco polar de una franquicia de calderas, me miró a través de sus gafas hipermétropes para que entendiera que estaba preparado. Supongo que lo que yo le dije para que comenzara sería esto: «¿Qué le pasó a tu hijo?»

Me habló de su hijo mayor, Eric, y de lo que le sucedió cuando empezó la ESO en los Maristas de Les Corts en septiembre de 2007. De cómo a partir de entonces los resultados académicos de Eric se desplomaron y de cómo se distanció de sus compañeros de clase. También de la frustración que como padre sintió cada vez que trató de animar a su hijo y de reengancharlo a la senda que seguían sin esfuerzo el resto de estudiantes. De que todo se hundió irremediablemente cuando Eric tiró la toalla en 2010, tras tres años peleándose contra la ESO y admitir que todavía seguía atrapado en el segundo curso. Y de que él no supo que todo esto también guardaba relación con un profesor de gimnasia del centro que se llamaba Joaquim Benítez hasta mucho tiempo después, porque la explicación que tanto su hijo como la dirección de los Maristas le dieron entonces fue que Eric había fracasado porque los alumnos lo acosaban.

Eric había cursado primaria en la escuela de los Maristas de Sants y cuando finalizó fue trasladado a la de Les

Corts para empezar secundaria. Aquí Eric empezó a decir que no quería ir al colegio porque en clase había un grupo de chicos que lo insultaba. Manuel llegó a acudir a la escuela de Les Corts para buscar a los críos que se metían con su hijo. Ese día no los encontró, pero les mandó un recado: «Decidles a los valientes que se meten con Eric que los estoy buscando para saber si tienen cojones de decirme las mismas cosas a mí.»

En 2010, cuando salió a trompicones de los Maristas, Eric no quiso —y quizá no supo— desmontar la versión oficial del *bullying* que se habían creído siempre Manuel y su madre, Eva. No quiso porque también era verdad que había sufrido acoso escolar y porque desmontar la versión oficial hubiera implicado aclarar que su derrota académica también guardaba relación con el profesor Joaquim Benítez. Y quizá no supo porque todavía no comprendía que la lluvia de contradicciones que Benítez hizo que cayera sobre él recrudeció el acoso del grupo de chicos que lo insultaba.

Manuel me explicó que cuando su hijo abandonó la ESO tenía solo 16 años y que Eva y él se empeñaron en sortear aquella situación tratándola como un cambio de planes que convenía aceptar y superar cuanto antes. Le buscaron varios cursos de peluquería y después él logró encontrar algunos trabajos. Nada de eso terminó cuajando. A punto de cumplir los 19, sin la ESO y con una autoestima arrasada por la concatenación de tantas experiencias negativas, Eric se deprimió. Un día se negó a salir de su habitación y a ese día se le sumó el siguiente. Su encierro llevó al límite la convivencia con su familia. «Nos decía que no tenía ganas de vivir, que de lo único que tenía ganas era de morir.» Manuel se detuvo, me miró y quiso que le confirmase que estaba captando todo lo que decía. «¿En qué piensas?», preguntó con una sonrisa tierna que me descolocó. «No lo sé, que es todo muy duro», alcancé a decirle. La respuesta le gustó porque se animó a seguir: «Aún no te he contado nada.»

El 21 de diciembre de 2013, la depresión de Eric derrumbó a Eva, su madre. A cualquier madre le hubiera resultado insoportable contemplar el encarcelamiento que se había autoimpuesto un hijo adolescente de 19 años que debería estar suspirando por cada minuto lejos del control familiar y sin embargo era incapaz de pisar la calle. Eva le dio a Eric un ultimátum. Le avisó de que ella sabía que a él le pasaba «algo» que no contaba y de que si no confiaba en ella y en Manuel y revelaba pronto qué era ese «algo» tendría que marcharse de casa. El ultimátum resultó porque el joven se dio cuenta de que entonces quería —y quizá también sabía— desmontar aquella versión oficial que ocultaba gran parte de la verdad, aunque no dijera ninguna mentira. Sobre la una de la madrugada, cuando todos estaban ya acostados, sonó el teléfono móvil de Eva. La madre cogió el móvil de la mesita de noche. Era un mensaje de whatsapp que Eric enviaba desde su habitación:

—Mama, ¿tú tienes secretos?
—No, no tengo ningún secreto.
—Yo sí tengo un secreto.
—Por favor, estoy muy cansada. Dime qué te pasa.
—Un profesor abusó de mí en los Maristas.

Eva se levantó de la cama y entró en la habitación de Eric. Los dos se fundieron en un abrazo del que les costó separarse y todo ese rato se lo pasaron llorando. Me resultó difícil saber más detalles de lo que ocurrió dentro de esa casa durante aquella noche y durante la mañana siguiente. Insistí a Manuel para saberlos pero no me los dio. En cualquier caso, aquel whatsapp lo cambió todo. De golpe, Eric, para sus padres —y también para su hermano pequeño—, pasó de ser un adolescente empeñado en arruinarse la vida sin ningún motivo a ser el superviviente de un pasado cruel del que no había sabido sobrevivir mejor. Al mismo tiempo, Manuel sintió también que la revelación de Eric no había despejado el horizonte del todo sino que en realidad lo había convertido en otra cosa distinta, llena de dudas hacia los responsables de los Maristas y de rabia hacia el profesor Joaquim Benítez. Por esto segundo, a las 13.37 horas del domingo 22 de diciembre Manuel escribió y mandó este correo a la dirección del colegio:

> Buenos días, soy Manuel Barbero López. Padre de dos alumnos que cursaron los estudios en Maristas. (Nombre de ambos niños.)
> Me gustaría tener una entrevista con el máximo responsable de la fundación para hablar de un tema de extrema gravedad. Ruego la máxima celeridad a esta petición.
> Un saludo,
>
> MANUEL BARBERO LÓPEZ

Recibió una respuesta de Gabriel V., el responsable de la fundación Champagnat cinco días después. La fundación Champagnat es el órgano del que dependen todos los colegios maristas en Catalunya, algo parecido a un consejo de administración en cualquier empresa que en este caso añade a sus funciones la tutela espiritual de los centros. Gabriel V. le propuso a Manuel encontrarse el lunes 30 de diciembre a las diez de la mañana. El penúltimo día de 2013, Manuel acudió a la cita, ocho días después de pedirla con la «máxima celeridad».

Tras escuchar la historia de Manuel, Gabriel V., en lugar de mostrarse sorprendido, le reconoció que el caso de Eric no había sido el primero. Dos años antes, en 2011, los padres de otro alumno —un compañero un poco más joven que Eric— se presentaron en el colegio para denunciar a Benítez. Fue el 7 de junio de 2011 y, según Gabriel, el centro reaccionó despidiendo al profesor inmediatamente y poniendo el caso en manos de la Fiscalía de Menores. Le precisó también que esa denuncia terminó archivándose porque aquellos padres no quisieron seguir adelante con el proceso judicial abierto contra el agresor de su hijo. Eso había pasado hacía más de dos años y, desde entonces, ni el colegio había intentado contactar de nuevo con Benítez, ni Benítez lo había intentado con el colegio. Por todo eso, para los Maristas aquel era un caso cerrado.

Gabriel trató de convencer a Barbero de que, aunque él estaba en su derecho de pedir explicaciones sobre lo que había pasado con Eric, quien debía dárselas era el propio Benítez, no los Maristas. Por supuesto, también tenía derecho a presentar una denuncia, pero ese proceso judicial debería afrontarlo en solitario puesto que ni Eric era ya un alumno de la escuela ni era tampoco un menor de edad desamparado. La directora del colegio de Les Corts, Montserrat C., también atendió a Manuel poco después y, como Gabriel, le aconsejó presentar una denuncia contra Benítez. Tal como la Fundación Champagnat y la dirección del colegio de Les Corts veían las cosas, salvo mostrarle verbalmente toda la comprensión que merecía, a los Maristas no les quedaba nada por hacer.

La historia de Manuel tenía tres partes bien diferenciadas. La primera era la etapa escolar de Eric durante la que se produjeron los abusos de Benítez, la segunda era el tiempo que transcurrió desde que Eric se fue de la escuela hasta que reveló el motivo real por el que había tenido que marcharse, y la tercera, que estaba a punto de contarme entonces Manuel, comenzaba después de aquella reunión con la dirección de los Maristas. Cada una de estas tres partes del relato de Manuel mantenía con la siguiente una estrecha relación de causa-efecto. Si Eric hubiera sido capaz de decir de entrada que Benítez abusaba de él, no hubieran existido ni la segunda ni la tercera parte de este relato. Y, en consecuencia, si los Maristas hubieran ayudado a Manuel cuando él les pidió ayuda, no hubiera existido la tercera parte. Cada vez que los Maristas se pregunten por qué el escándalo de pederastia escolar más grave que se ha aireado hasta la fecha en España ha tenido que airearse precisamente en los Maristas, y eso es algo que deben haberse preguntado a menudo, tendrían que llegar siempre a la misma conclusión: no debieron dejar que Manuel, el penúltimo día de 2013, saliera por la puerta sintiéndose «abandonado» por el colegio al que había confiado sus dos hijos. Un error porque Manuel, lejos de ser tan solo lo que aparentaba —un electricista ebrio de una furia que únicamente podría lastimarle a él—, era un padre capaz de remover las entrañas de toda la institución.

Aunque todo esto no pasó enseguida porque Manuel no denunció a Benítez al salir de la reunión con los Maristas. Me dio una razón para no hacerlo: ni su mujer Eva, ni su hijo Eric, se atrevían a dar este paso. Tampoco él lo veía claro, porque sabía que su hijo podría sufrir en exceso durante el proceso judicial que obligatoriamente se desencadenaría si denunciaba a Benítez. Transcurrieron dos años hasta que la familia se sintió con fuerzas. En el curso de ese tiempo, Eric zozobró durante varios meses y cambió a menudo de psicólogo. En total fue visitado por tres profesionales distintos de la mutua y por dos de la Seguridad Social (Manuel asegura que les pidió ayuda a los Maristas para pagar un psicólogo privado y que estos se la negaron). Al final, el hecho de que el joven se hubiera reconocido como una víctima de abusos sexuales terminó ayudando a encontrar sus heridas y comenzó a mejorar a finales de 2015. El 18 de enero de 2016, Manuel se presentó en la comisaría que los Mossos d'Esquadra tienen en el distrito de Les Corts para denunciar finalmente a Joaquim Benítez.

Lo atendió el cabo Pau (de la Unidad de Investigación) quien, entre otras cosas, le preguntó algo relevante. El policía quiso saber si Manuel tenía constancia de que hubiera más víctimas de Benítez, además de Eric y del caso denunciado en 2011. El investigador se lo expuso así: si este profesor era un depredador sexual que había trabajado durante más de 30 años en esa escuela, posiblemente las había, y, si las había, convenía localizarlas porque elevar el número de víctimas equivalía siempre a elevar el número de posibilidades de condenar al agresor. Manuel se tomó aquello al pie de la letra y ocho días después averiguaría por su cuenta si había más víctimas.

El 26 de enero Eric se armó de valor y quiso ratificar la denuncia que había presentado su padre. Mientras Manuel lo esperaba en la entrada de la comisaría, el chico le contó al cabo Pau todo lo que le había hecho Benítez. Tras declarar, salió de la sala con una copia de la denuncia en el pantalón y, junto a su padre, se marchó a casa. Eric dejó el papel sobre el mueble del recibidor. Manuel lo vio, lo abrió y lo leyó entero. Su hijo nunca había querido entrar en detalles sobre los abusos que había sufrido en el colegio. Así que Manuel terminó descubriendo qué le había hecho Benítez a través de aquel papel. La declaración, una transcripción literal de las palabras de Eric, detallaba que Benítez lo acorralaba sistemáticamente en un despacho minúsculo que tenía junto a la piscina de la escuela, que eso sucedía mientras el resto de sus compañeros estaban en clase, que cuando lo tenía encerrado en ese habitáculo el profesor se desnudaba completamente y se masturbaba delante de Eric, que Benítez le practicaba felaciones y que se lo sentaba en la falda para simular que lo penetraba. En definitiva, lo que sintió Manuel es que Benítez convirtió a su hijo en un juguete sexual que usó para satisfacerse.

Manuel se hundió. Aquí empezó la tercera parte de su historia, el origen del Caso Maristas.

A las pocas horas, sintió el impulso de hacer algo, lo que fuera. Necesitaba sacudirse de encima tanto dolor. Se sentó frente al ordenador y creó una cuenta de correo en gmail que llamó «abusosenmaristas@gmail.com». Después fabricó un cartel, que incluía una fotografía de Joaquim Benítez, en el que explicaba que su hijo había sufrido abusos sexuales por parte de un profesor que había trabajado en el colegio de los Maristas de Les Corts hasta 2011. En el papel animaba a todo aquel que tuviera alguna información sobre más casos de abusos a contárselo a través de esa dirección de correo que acababa de crear. Hizo varias fotocopias y se marchó a la escuela para desahogarse llenando los muros con sus carteles. Lo primero que consiguieron esos impresos fue que lo llamaran los Mossos d'Esquadra para avisarle de que tenía que calmarse porque acciones como esta podían traerle graves problemas. Lo segundo que consiguieron fue algo más extraordinario: viajar en el tiempo. Porque eso es exactamente lo que hicieron los carteles de Manuel, contactar con niños escolarizados en esa escuela durante la década de los ochenta, los noventa y los

2000 y que tenían algo en común con Eric: también ellos habían sufrido los abusos de Benítez. La explicación racional a ese viaje en el tiempo es sencilla: a pesar de que los responsables del colegio de Les Corts retiraron todos los carteles tan pronto como los vieron, no pudieron evitar que alguien, posiblemente un exalumno del centro, se topara con alguno de esos ejemplares, sacara su teléfono móvil, lo fotografiara y lo compartiera por whatsapp. La llamada de auxilio de Manuel se extendió por las redes sociales. Cuando ya no quedaba ningún cartel colgado en los muros de Les Corts, su mensaje seguía moviéndose por grupos de whatsapp y páginas de Facebook exclusivas para exalumnos.

Poco después de aquel episodio, la bandeja de entrada de la cuenta de gmail recibió el primer correo. Lo enviaba un hombre de 42 años que se identificaba como un exalumno de los Maristas. Según decía, había estudiado en Les Corts entre 1979 y 1991 y había vivido un episodio con Benítez que no había podido olvidar. Era este: cuando tenía 12 años Benítez le habló de un estudio de morfología del cuerpo humano que estaba realizando y, pretextando que necesitaba tomar sus medidas, lo llevó hasta su despacho y terminó abusando de él. Tras este e-mail, llegaron tres más. Algunos de estos correos se despedían agradeciendo a Eric que finalmente hubiera desenmascarado a Benítez. Todos ellos hablaban de abusos parecidos. El valor de esta coincidencia se la subrayó el mismo hombre de 42 años que le había escrito el primer correo en una conversación de whatsapp que ambos mantuvieron pocos días después:

—... (A Benítez) mucha gente le tenía mucho aprecio y lo ponen en duda (el hecho de que abusara de algunos de sus alumnos), incluso cuando lo he contado en alguna cena. Pero ahora somos varios los que lo contamos y coincidimos en la forma de actuar que tenía. Todo queda más claro.

Manuel habló por teléfono con los cuatro exalumnos para animarlos a echar una mano a la investigación que acababa de arrancar en la comisaría de Les Corts. Les puso en contacto con el cabo Pau y todos acudieron a ver al investigador. Uno a uno, discretamente, se dirigieron al centro policial para explicarles que el de Eric no había sido un caso aislado. El plan de Manuel para averiguar si existían más víctimas no solo había funcionado: había logrado algo más. Era tan sencillo que, en consecuencia, había terminado demostrando otra cosa que no había pretendido: si colgar carteles en la pared del colegio había bastado para localizar cuatro nuevas víctimas, eso significaba también que hasta entonces nadie había querido encontrarlas.

Aquel jueves 4 de febrero, Manuel había llegado tarde a nuestra cita en el café de Les Paraules porque venía de la comisaría de Les Corts adonde acababan de declarar contra Benítez las últimas víctimas que había desenterrado gracias a la cuenta de correo. Lo último que hizo antes de dejar de hablar fue acercarme algunos documentos que había fotocopiado para que me los llevara, entre estos estaban las dos denuncias (la suya y la de su hijo). Faltaban apenas unos minutos para las tres de la tarde.

Me levanté, pagué la cuenta en la barra y cuando regresé encontré a Manuel hablando por teléfono. Esperé sin prestarle atención hasta que le oí decir que su «cara» no tenía que «aparecer» en la «entrevista».

—¿Has hablado con más periodistas? —le pregunté.
—Con el Cuní (Josep Cuní, presentador de «8 al dia» en 8TV).

—¿Y con alguien más?
—No, solo con vosotros y con el Cuní.

El programa de «8 al dia» se emite cada día y comienza a las siete de la tarde. Empecé a preocuparme de algo que puede parecer mezquino pero que acostumbra a preocupar a cualquier periodista: contar las cosas antes que la competencia. Le di la mano a Manuel y nos despedimos con la intención de seguir en contacto. Llamé a mis jefes para decirles que lo de los Maristas era una buena historia que corría prisa publicar cuanto antes. Llamé también al gabinete de comunicación de los Mossos d'Esquadra y les pedí que me confirmaran que efectivamente existían las cinco denuncias contra el profesor Joaquim Benítez de las que me había hablado Manuel. Por último, le envié un whatsapp a mi compañero Jesús G. Albalat, el responsable de tribunales en el diario, para que averiguara si la policía catalana ya había trasladado la denuncia del hijo de Manuel a un juzgado de instrucción.

La primera noticia que se publicó sobre el Caso Maristas, cuando nadie podía imaginar aún que algo así podía llegar a existir, era un breve resumen para la web de la conversación mantenida con Manuel en el Café de Les Paraules que Albalat y yo, a cuatro manos, dejamos en edición dentro del sistema de publicación. Se titulaba *Cinco exalumnos de los Maristas denuncian abusos sexuales de un profesor de gimnasia*. El texto, comenzaba así:

> El padre de un exalumno del colegio Maristas de Sants-Les Corts de Barcelona ha empezado a tirar de la manta que escondía un posible caso de abusos sexuales en este centro de secundaria que ha durado varios años. Su hijo ha declarado ante los Mossos d'Esquadra que, cuando cursaba primero y segundo de ESO,

Joaquín B., profesor de gimnasia, lo agredió sexualmente de forma repetida. La denuncia, según ha sabido *El Periódico*, llegó este miércoles a un juzgado de la capital catalana, que ha abierto una investigación.

A los pocos minutos, llamaron los Mossos. Me confirmaron que las cinco denuncias existían. A Albalat también le constaba que por lo menos una de ellas, la de Eric, había «incoado diligencias» en un juzgado. La investigación policial estaba en marcha. Las primeras piezas confirmadas encajaban con el relato de Manuel.

El departamento de Fotografía del diario, para ilustrar la noticia, quería una imagen de «Manuel colgando uno de sus carteles». Manuel aceptó. Pero con la condición de que su rostro no apareciera. El fotógrafo regresó a la redacción con una imagen que cumplía con las condiciones de Manuel —aparecían tan solo unas manos sujetando el cartel y una cara de perfil desenfocada— pero no con las suyas. Argumentó que difundir la cara de Benítez dentro de ese cartel equivalía a destrozar la vida de ese hombre encasquetándole para siempre la etiqueta de pederasta. Porque una cosa es que lo hubiera hecho Manuel colgando sus carteles y otra muy distinta es que lo hiciera un diario como *El Periódico*. Las dudas del fotógrafo, que se negó a firmar la fotografía, me desconcertaron.

Eran casi las seis de la tarde. Si el diario quería lanzar la historia de Manuel en primicia, tenía que salir ya. La información sobre las denuncias estaba contrastada. Pero faltaba la versión de los Maristas. Albalat les llamó de nuevo. Su jefa de comunicación le respondió que seguían preparando un comunicado con el posicionamiento oficial de la orden religiosa sobre el asunto. Aún no estaba terminado. Luis Mauri y Ramon Vendrell, los jefes de la sección de Sociedad, revisaron la noticia, adjuntaron la foto —sin firma— y apretaron el icono del rayo azul del sistema de edición que lanza las noticias a la red. «Publicada.» Segundos después, en la pantalla de mi teléfono móvil apareció una notificación de *El Periódico* anunciando el caso de pederastia destapado en el colegio de los Maristas. Sin importar la experiencia, dos sensaciones que no mezclan bien se encuentran dentro del estómago del periodista después de publicar una noticia que merece la pena: satisfacción y miedo. Ese día, sin duda, lo que sentí con más nitidez fue miedo, por segunda vez. Miedo a destrozar la vida de un hombre (Joaquim Benítez), miedo a hundir la imagen de un colegio entero (los Maristas de Les Corts) y, sobre todo, miedo a que alguna de esas cosas ocurriera porque yo había cometido algún error.

Sobre las siete de la tarde, llegó el comunicado de los Maristas:

Ante las acusaciones de presuntos abusos sexuales contra un exprofesor de la escuela Maristes Sants-Les Corts, la escuela expresa:

— El 7 de junio de 2011 la escuela Maristes Sants-Les Corts tiene conocimiento de que un profesor de esta escuela ha sido acusado de presuntos abusos sexuales a un alumno menor de edad. La denuncia de los hechos en la escuela la presenta personalmente el padre de este alumno. De acuerdo con los protocolos internos de la institución sobre la protección de los menores, se actúa inmediatamente. Al saberlo, y una vez el mismo profesor reconoce los hechos, este profesor queda desvinculado de la escuela al día siguiente, 8 de junio de 2011. La escuela se pone a disposi-

ción de la familia ofreciéndole apoyo e invitándola a denunciar los hechos. Se comunica a la familia que la institución denunciará los hechos a la Fiscalía de Menores. La denuncia de la institución se presentó por escrito el 14 de junio de 2011.
- El 30 de diciembre de 2013, la escuela recibe una segunda comunicación acusando al mismo profesor (ya fuera de la escuela) de presuntos abusos sexuales a otro alumno. Estos hechos habrían pasado presuntamente antes de 2010, momento en el que el alumno había dejado el centro. En el momento en que se denuncian estos hechos a la escuela, la presunta víctima ya es mayor de edad. La escuela ofrece al denunciante (Manuel) toda la colaboración para poder aclarar los supuestos hechos, se le ofrece la posibilidad de que los abogados de la víctima y de la institución trabajen conjuntamente y expresa la voluntad de que los hechos se aclaren cuanto antes. Se insiste a la familia en la necesidad de que denuncien los hechos. Desde entonces, esta familia no ha vuelto a ponerse en contacto con la escuela en ningún momento.
- No consta ninguna otra denuncia contra este exprofesor del centro.
- Desde la institución lamentamos el sufrimiento que se haya podido causar y reiteramos nuestro compromiso de continuar actuando de manera firme y contundente ante cualquier caso de abuso.

En este comunicado, la organización religiosa difería del relato que había hecho Manuel sobre la reunión que ambas partes mantuvieron el penúltimo día de 2013. Negaba que hubieran «abandonado» a Manuel porque le habían ofrecido «toda la colaboración para aclarar los supuestos hechos». El documento también revelaba otra cosa sobre el precedente de 2011 que eclipsó por completo las distancias que existían entre las versiones de Manuel y la de los Maristas: Benítez había reconocido haber abusado al menos de un alumno el 7 de junio de 2011, cuando fue despedido por la dirección del colegio y denunciado a la Fiscalía de Menores. Benítez era un pederasta confeso, las piernas dejaron de temblarme un poco y el fotógrafo aceptó firmar la foto. Antes de comenzar a escribir la pieza definitiva junto a Albalat, que saldría en la portada de la edición de papel del viernes 5 de febrero, Josep Cuní ya estaba entrevistando a Manuel en 8TV. En la televisión aparecía oscurecido y de espaldas, de modo que, tal como había pedido también al programa «8 al dia», no resultaba posible identificarlo.

Que la historia de Manuel era tan solo una pequeña parte de algo más grande y más difícil de creer comenzaría a descubrirse a partir de entonces. Después de que este padre hubiera hecho temblar muros de hormigón con el peso de unos simples carteles.

el Periódico
de Catalunya

PARA GENTE COMPROMETIDA

vi. 5

1,30 € · VIERNES 5 DE FEBRERO DE 2016 · CONSELL DE CENT 425-427 BARCELONA. TEL. 93.265.53.53 · www.elperiodico.es www.grupozeta.es · DIRECTOR ENRIC HERNÁNDEZ

BOTEMAN LE METE UN GOL AL ABURRIMIENTO
REGÍSTRATE EN BOTEMANIA.ES Y BOTEMAN TE REGALA HASTA 200€ PARA JUGAR CON TU PRIMER DEPÓSITO.

EL JUEZ Y LOS MOSSOS INVESTIGAN A UN DOCENTE

COSAS DE LA VIDA
» Páginas 28 y 29

Denuncias de pederastia en un colegio de Les Corts

Cinco exalumnos relatan a la policía las agresiones sexuales de un profesor

UNO DE LOS TESTIMONIOS
«Se desnudaba y me hacía felaciones y masturbaciones en su despacho»

CRÓNICA DE
Guillem Sànchez
Jesús G. Albalat

El padre de un estudiante pega un pasquín informativo en la puerta del colegio de los Maristas Sants-Les Corts.

La CE afirma que España deberá hacer un ajuste de 8.600 millones

TEMA DEL DÍA
» Páginas 2 a 4 y editorial

'Carol'
Deslumbrante filme sobre el amor prohibido entre dos mujeres

PRIMERA FILA
» Páginas 50 y 51

Catalunya aviva la tensión entre PSOE y PP en plena negociación de la investidura

PANORAMA » Páginas 18 y 19

La fiscalía ve delitos graves en la pitada al himno español en la final de Copa

PRIMERA FILA » Página 44

2

El encuentro

El viernes 5 de febrero por la mañana el colegio Maristes de Sants-Les Corts acogió a los alumnos ante la incómoda presencia de los periodistas observando desde la otra acera. Amaneció también con una dolorosa pintada anónima estampada en su fachada, justo por donde pasaban los estudiantes. Era un mensaje de una sola palabra. Decía: «Culpables.» Cuando yo llegué a la escuela, sobre las nueve y media, una capa de pintura fresca ya la había ocultado. Acababa de aplicarla un trabajador del centro extendiéndola con un rodillo. Algunos cámaras y fotógrafos, como el del diario Julio Carbó, habían llegado antes de que la dirección del colegio tuviera tiempo de ordenárselo y eso provocó que los gráficos consiguieran dos imágenes: la de la pintada y la del trabajador borrándola.

Acostumbra a suceder que la visita de periodistas resulta aterradora para los que se convierten en noticia muy a su pesar. No solo les pasa a los Maristas, que daban la impresión de sentirse hostigados por una banda de buitres. Por eso, los redactores de sucesos, el blanco más frecuente de cualquier símil con animales carroñeros, casi nunca son bienvenidos en ningún lugar. Yo quería hablar directamente con los responsables del colegio. O con cualquier profesor. Necesitaba conocer de primera mano, y no a través de los mensajes que cocina un gabinete de comunicación, qué tenían que decir ellos sobre las cinco denuncias que pesaban sobre un excompañero. Me resultó imposible. Intenté entrar en dos ocasiones, tanto por la puerta principal de la calle Vallespir como por una más estrecha de la calle Caballero. Por el acceso principal llegué a pisar el interior del colegio. Duró poco porque una trabajadora me interceptó enseguida y me devolvió a la calle. Opuse una tímida resistencia frenando la puerta con el pie y repitiéndole que todo cuanto deseaba era hablar con alguien de la escuela. «Con quien queráis vosotros.» La mujer clavó la vista en ese pie y, tras comprobar que yo lo retiraba, me recordó que sus órdenes eran las de mantener a la prensa lo más lejos posible. «Tenéis que hablar con el gabinete de comunicación.» Cerró la puerta. La mañana se estaba complicando.

Ramon Vendrell me había encargado hacer un retrato de Joaquim Benítez. Tras el confinamiento de la escuela, para averiguar quién era este exprofesor de gimnasia me tuve que conformar con los recuerdos de dos exalumnos que trabajaban juntos en un comercio no lejos de allí. Este hombre y esta mujer resultaron pertenecer, respectivamente, a la última generación de estudiantes de los Maristas formada exclusivamente por varones —la de los nacidos en 1980— y a la segunda que abrió también la matrícula a las mujeres —la de las nacidas en 1982—. Con su ayuda empecé a entender quién era el Joaquim Benítez del que me había hablado el día antes Manuel Barbero, ubiqué el despacho de la piscina en el que había abusado de Eric dentro de la estructura del colegio gracias a un croquis que me dibujaron, y me percaté de que para ellos dos el hecho de ver a su antiguo profesor de gimnasia convertido en un delincuente sexual suponía una revelación pasmosa y al mismo tiempo la confirmación de una vieja presunción. Esa extrañeza, surgida por el choque de dos sensaciones irreconciliables activadas por la misma noticia, era el mejor modo de comenzar a conocerlo.

La posibilidad de llegar hasta una de las víctimas de Benítez era complicadísimo, tanto que ni siquiera se me había ocurrido intentarlo. Por eso, sobre las once de la mañana, cuando regresé a la redacción y la secretaria de la entrada me hizo un gesto brusco para que me detuviera y me acercara a su mostrador, comencé a darme cuenta de que, en todo este asunto, la suerte, por algún motivo, estaba de nuestro lado. Tapando el auricular con la mano y masticando cada palabra para que la entendiera sin necesidad de alzar la voz, la secretaria me dijo: «Creo que es una víctima del tío de los Maristas.»

—¿Hola?

Lo que noté la primera vez que hablé con Miguel —un exalumno de Les Corts— fue su desconcertante acento, resultado de dos mitades de vida vividas en extremos opuestos de la península Ibérica. También que estaba conduciendo y llamaba con el sistema de manos libres activado.

—Vamos a ver, estoy dispuesto a hablar contigo, pero tengo hijos y no quiero que se enteren de esto. En realidad, lo que voy a contarte no lo sabe ni mi mujer.

—De acuerdo, ningún problema. Cuéntame solo lo que puedas...

Situó el episodio del que quería hablarme durante el curso escolar 1984-1985 porque recordaba que tenía 14 años. Benítez era su profesor de gimnasia. El educador rondaba por la piscina mientras él tomaba las clases de natación que ofrecía el centro como una actividad extraescolar. Benítez le llamó y le dijo que estaba seguro de que tenía un problema en la espalda. Le cogió desprevenido y consiguió preocuparle. «Me propuso seguirle hasta su despacho.»

—¿Qué pasó dentro del despacho?

—Han pasado treinta años... pero lo tengo todo bastante fresco. Me tumbó en la camilla y, mientras me masajeaba la espalda y las piernas, me soltó un rollo sobre las desviaciones de la columna. Poco a poco fue llevando la conversación a su terreno y comenzó a hacerme preguntas extrañas.

—«¿Extrañas?»

—Me preguntó si me masturbaba. También de qué color era mi semen. Me aseguró que su color podía guardar relación con algunas enfermedades en general y, en particular, con los problemas de espalda que yo tenía. Terminó masturbándome.

—¿Qué sintió cuando le dejó marchar?

—No entendía nada. Me sentía confuso y algo desorientado.

—¿Por qué se calló algo así?

—Por miedo... y por vergüenza.

—¿Miedo?

—Eran otros tiempos, el colegio estaba lleno de curas. ¿A quién iba a contárselo? ¿Al director del centro que me tocaba el culo cuando entraba en clase?

—¿Por qué no se lo dijo a sus padres?

—Ya te lo he dicho. No solo me daba miedo, también me daba vergüenza. Esto segundo fue lo que ha hecho que me callara durante treinta años.

—¿De verdad que hablamos del mismo Benítez? ¿Ya estaba allí en 1984 y ya abusaba entonces de sus alumnos?

—Que sí, joder. Es que no tenéis ni idea de lo que estáis haciendo. Si tiráis por ahí van a salir muchas cosas. Muchas cosas.

Cuando me dijo esto último, su voz sonó un poco entrecortada y estoy seguro de que no tuvo nada que ver con la cobertura. Añadió que quería presentar una denuncia contra Benítez porque quería estar «al lado del chico», refiriéndose a Eric, el hijo de Manuel Barbero.

—Voy a ayudar porque quiero que se sepa todo. Quiero que Benítez lo pague. Pero también quiero que lo pague el centro porque lo tapó. Quiero que los hundan a todos. Porque es imposible que no supieran que Benítez abusaba de sus alumnos. Es imposible.

Antes de colgar, me pidió el teléfono de Manuel Barbero. También acordamos que en cuanto hubiera puesto una denuncia contra Benítez, me avisaría.

Hasta ese día, yo nunca había hablado con una víctima de abusos sexuales. Por eso no entendí del todo por qué había sido tan duro para él superar aquel episodio aislado con Benítez y, menos todavía, por qué —si había sido tan duro— se lo había callado durante treinta años. Lo entendería más adelante.

—¿Dónde está ahora Benítez? —me preguntó Luis Mauri, mientras terminaba de anotar aquella entrevista en la libreta.

—Desapareció en junio de 2011, cuando reconoció a la dirección del colegio que, tal como decían unos padres, había abusado de su hijo. Nadie sabe dónde está ahora.

—Pues habrá que encontrarlo.

Me pareció que era una frase sin destinatario concreto que lanzaba al aire y que, en todo caso, formulaba a modo de reflexión acerca del trabajo que ahora les tocaría hacer a los Mossos d'Esquadra. No era así. Mauri lo que quería era que el diario encontrara a Benítez antes de que lo arrestaran los Mossos. Albalat no trabajaba ese viernes, pero lo llamé de todas formas porque necesitaba la ayuda de mi compañero de tribunales. Funcionó. Ambos dimos por caminos distintos con una dirección postal, la de un domicilio ubicado en Peralada (Alt Empordà).

Ni Albalat ni yo podíamos ir en su busca. Él no trabajaba y yo aún no había empezado a transcribir la entrevista telefónica con Miguel ni a esbozar el retrato de Benítez. Mauri llamó a María Jesús Ibáñez, *Chusa*, y le dio a la periodista el encargo de encontrar al pederasta de los Maristas. Tomó un tren, la recogió en la estación de Granollers el fotógrafo Josep García y pusieron rumbo a Peralada. Desde el coche, Chusa me pidió una fotografía de Benítez. Le envié una captura ampliada de la cara que aparecía en los carteles que había colgado Manuel.

La dirección de Peralada les llevó hasta una casa unifamiliar con aspecto de estar deshabitada. Chusa y el fotógrafo aparcaron el coche delante del domicilio. Se acercaron hasta la entrada principal comentando que todas las persianas estaban bajadas. Llamaron al timbre. Nadie abrió la puerta. Volvieron a llamar. Silencio. Josep optó por aprovechar el viaje sacando al menos unas cuantas fotografías de una casa aparentemente abandonada y Chusa se acercó a una pareja de ochentones que desde su porche observaba la escena de dos periodistas curioseando por la propiedad de su antiguo vecino. «Disculpen, una pregunta: ¿Saben quién vive aquí?» Los ancianos no solo respondieron que conocían a Benítez, también le explicaron que hacía más de un año que no vivía allí y que su actual paradero estaba en otro pueblo, cercano a la frontera. Regresaron al coche y el GPS les confirmó que estaban a menos de 20 minutos.

En la entrada del municipio indicado por los dos vecinos se toparon con otro anciano que dejaba escapar la tarde sentado en un banco. Aminoraron la marcha y Chusa bajó la ventanilla:

—Hola, disculpe, ¿sabe dónde vive Joaquim Benítez?

El hombre asintió y señaló una calle que se alejaba del núcleo urbanizado. Chusa levantó la mano para darle las gracias. Josep aceleró. Llegaron al final de una travesía sin salida. A mano derecha, en la última casa, encontraron a dos hombres que pintaban la puerta de un garaje junto a dos perros que jugaban a su alrededor. La irrupción de un coche desconocido avanzando por una calle sin salida provocó que ambos se voltearan y se fijaran en el turismo desde el que los miraban los reporteros. La cara de uno de los dos hombres hizo que Chusa sintiera de golpe una punzada en el pecho. Acababa de verla en su teléfono móvil. Era la cara que estaban buscando, la de Joaquim Benítez.

Media hora más tarde, en Barcelona, Mauri abandonó el consejo de redacción del diario al recibir una llamada de Chusa. Se acercó a mi mesa. Parecía satisfecho. «Ya tenemos portada para mañana», avanzó. Y, tras decir esto, proyectó las dos manos hacia delante y las separó lentamente como si con ese gesto estuviera descubriendo un gran título escrito con letras imaginarias: «El pederasta se confiesa.»

al contrataque	apunte	masdeporte	teletodo
Trump	**Bolaño en Chicago y...**	**Tramposos** en	**25 años** del
ANA PASTOR	**¿en Broadway?** JOSEP MARIA POU	todas las especialidades	Club Super 3

1,50 € CUORE 1 € / CÓMICS 9,95 € — GENIUS 3,95 € / COCHES EN MINIATURA 2,50 € — SÁBADO 6 DE FEBRERO DE 2016 — CONSELL DE CENT 425-427 BARCELONA. TEL. 93.265.53.53 — www.elperiodico.com www.grupozeta.es — DIRECTOR ENRIC HERNÁNDEZ

el Periódico de Catalunya

PARA GENTE COMPROMETIDA

sá. **6**

EL PEDERASTA SE CONFIESA

«Lo hice, pensé que vendrían antes a por mí»

El juez imputa al 'Beni', el profesor de los Maristas de Les Corts, mientras se multiplican las denuncias

CRÓNICA Y FOTOS María Jesús Ibáñez y Josep Garcia — TEMA DEL DÍA ▶ Páginas 2 a 5 y editorial

EMPIEZA LA NEGOCIACIÓN DEL NUEVO GOBIERNO — PANORAMA ▶ Páginas 16 y 17

Sánchez ofrece a Iglesias un pacto sin exclusiones

El líder del PSOE tiende la mano a Podemos, pero rechaza de plano su veto a Ciudadanos

El partido naranja obvia el contrato laboral único y se acerca a los socialistas

Colau propone a Puigdemont pagar la mitad del metro de la Zona Franca

▶ La alcaldesa y el 'president', de acuerdo sobre el tranvía

COSAS DE LA VIDA
▶ Páginas 34 y 35, y editorial

Superhéroes

EL PERIÓDICO ofrece una selección de lo mejor del género en 10 tomos

PRIMERA FILA
▶ Página 49

Los bancos introducen ya 'cláusulas cero' en las hipotecas

▶ Las entidades se protegen de los tipos de interés negativos

PANORAMA
▶ Páginas 22 y 23

3

La traición de Beni

Joaquim Benítez no era un mal profesor. Y limitarse a contar que, tras más de treinta años dando clases de educación física en el colegio de Les Corts, su mayor logro había sido caer en el olvido sin dejar malos recuerdos entre los estudiantes no sería justo. Porque lo que él dejó en realidad son buenos recuerdos. Era algo más que un profesor y estaba también más conectado con la escuela de lo que un docente normal acostumbra a estarlo. Nació en el barrio del Carmel de Barcelona el 16 de octubre de 1958 y no llegó solo porque en aquel parto María, su madre, dio a luz también a otro niño, su hermano mellizo, Alberto.

Lo que el propio Benítez cuenta de su infancia es que su padre Federico bebía demasiado y que nada, ni a él ni a sus siete hermanos, les resultó fácil. Según explica, se marchó de casa muy pronto para ingresar en un internado de la ciudad, en el que solo había chicos, porque su familia no podía mantenerlo. Quizá sus padres tomaran también esta decisión porque, como estudiante, prometía. La pubertad le estalló dentro de aquella institución y, sin contacto con chicas, tuvo sus primeras experiencias sexuales con chicos.

Asegura que aquello le marcó. Sobre todo porque cuando salió del internado y se fue a la universidad, tras 15 años educado en el «catolicismo más estricto», ya no supo cómo relacionarse con las mujeres, o tal vez lo que no supo hacer fue admitir sencillamente que estas no le gustaban demasiado. Él dice que lo intentó con algunas pero que no tuvo demasiada fortuna y que aquellos contactos insatisfactorios le bastaron para convencerse de que no le convenían. En una sustitución forzosa del amor y del sexo que no había sabido encontrar en las mujeres, y que no estaba dispuesto a buscar públicamente en los hombres, se refugió en la religión católica y se encarnizó con la tarea de convertirse en un profesor de educación física competente. En el colegio de los Maristas encontró la manera de conjugar ambas cosas.

Según consta en su informe de vida laboral, entre 1978 y 1981 mantuvo con el colegio de Les Corts una relación con intermitencias, posiblemente como profesor sustituto, cubriendo dos bajas de un día y una tercera de casi siete meses. El 10 de octubre de 1981 se hizo con la plaza de docente de educación física del centro. Ese día rubricó un contrato de diez años con el colegio —que renovaría en dos otras ocasiones por idéntica extensión temporal— y pasó a formar parte de su claustro de enseñantes. Estaba a punto de cumplir los 23 años. El colegio que conoció Benítez entonces era un centro exclusivamente para varones en el que la mayoría de los profesores eran hermanos maristas, miembros célibes de una comunidad religiosa dedicados plenamente al oficio de enseñar. Durante la década de los setenta, aunque los hermanos no fueran sacerdotes, aún usaban sotanas negras. Y a comienzos de los ochenta, la figura de los profesores laicos —vestidos con ropa de calle— seguía siendo más un recurso obligado para completar las plantillas que una apuesta real por oxigenarlas. Era inevitable que Benítez, un profesor veinteañero que se tomaba las clases de gimnasia tan en serio que las convertía casi en entrenamientos que a él le hacían sentir casi como un entrenador, que se preocupaba al final de cada sesión por cada alumno que parecía no rendir lo suficiente, o que simplemente lucía pantalones cortos y parecía ser feliz haciendo lo que hacía, fuera percibido por sus alumnos como un docente distinto de los otros. A pesar de que faltaban solo unos meses para que el PSOE ganara las elecciones en 1982 y la Transición se diera por finalizada, aquella escuela de los Maristas tenía más en común con todo el pasado del que quería despegarse buena parte de España que con todo el futuro que inevitablemente ya estaba asomando frente a sus narices.

Si se cosen los recuerdos de todos los alumnos de Benítez con los que he hablado, el retrato que aparece va encabezado por el sobrenombre con el que todo el mundo lo conocía allí: Beni. Beni era un hombre de estatura baja, espaldas anchas y piernas llamativamente musculadas. Siempre andaba por la escuela, a todas horas. Que nunca tuviera prisa por largarse a casa alimentó rumores acerca del tipo de vida que debía de aguardarle afuera. Quizá porque las habladurías, aunque arriesgadas y dañinas, acostumbran a tener un fondo de verdad, lo que contaban de él no iba desencaminado. Algunos estudiantes —no todos— conjeturaban que era homosexual y, al mismo tiempo, que era un hombre divorciado que, con la salvedad de un hermano —gemelo— con quien seguía en contacto, se había quedado prácticamente sin familia. Sí, también había rumores —verbalizados en tono jocoso— que lo acusaban de ser excesivamente cariñoso con algunos alumnos. Nada de esto era exacto, pero todo apuntaba más o menos en la dirección correcta. La llegada de las chicas a sus clases, a comienzos de la década de los noventa —la primera generación mixta la integraron alumnos nacidos en 1981—, reveló también que, divorciado o no, a Beni las mujeres parecían incomodarlo. Algunas de estas alumnas, a las que les tocó abrirse camino en un recinto que solo habían pisado pies masculinos, me contaron que notaban que se llevaba muy bien con los chicos y, por el contrario, muy mal con las chicas. Hubo otras que, en cambio, jamás percibieron el más mínimo rechazo. Una de las que sí se daba cuenta (de que las veía como cuerpos extraños invadiendo un organismo —el de la escuela— que estaba bien sin ellas) me explicó que un día, sin que tuviera ningún buen motivo para hacerlo, Benítez las castigó a todas con la prohibición durante seis meses de acercarse a la zona del recreo que él supervisaba. El educador alegó que ella y sus compañeras coqueteaban demasiado con los chicos. «Creo que lo hizo porque quería estar a solas con ellos, recobrar al menos durante la hora del recreo, y dentro de su zona de influencia, la sensación de estar sin chicas.»

Describir con más detalle al Beni de Les Corts no es un trabajo fácil porque para hacerlo únicamente cabe la posibilidad de sustentarse sobre percepciones que no se dejan superponer porque pertenecen a exalumnos muy distintos entre ellos. Estas, no obstante, además de coincidir sin ninguna fricción en que era un buen profesor de gimnasia, también están de acuerdo en afirmar que estaba completamente obsesionado con el *shoot-ball*. Este deporte, popularmente conocido como balón-tiro o juego de matar, se practica en un terreno de juego de dimensiones parecidas a las de un campo de bádminton y en él se enfrentan dos equipos que se lanzan un balón con la mano. El objetivo es eliminar a los jugadores del rival. Para lograrlo, la pelota debe impactar contra el cuerpo de un adversario y botar después en el suelo. A Benítez las características de este juego le parecían tan excepcionales que no lograba entender por qué seguía siendo tan solo una actividad desperdiciada en clases escolares. Se propuso remediarlo e impulsó torneos dentro de la escuela, primero, y entre distintos centros, después. Fue más allá, y escribió un reglamento para fijar por escrito las leyes que debían homogeneizar su práctica. Al final, incluso manifestó el deseo de elevarlo hasta el Comité Olímpico Internacional para que estudiaran incluirlo entre los deportes que distinguen a los campeones con una medalla de oro. Existe una diferencia entre lo que cuentan de Benítez los alumnos que lo tuvieron durante los años ochenta en comparación con los que lo tuvieron a partir de 2000. Para los más antiguos, Beni lograba transmitir la intensidad con la que tenía que vivirse el deporte y, con eso, se granjeó su respeto. Para algunos de los más recientes, en cambio, esa motivación que derrochaba perennemente, resultaba en parte cómica. Su obcecación con el *shoot-ball* contribuyó a acrecentar esto segundo. Cuando Benítez desapareció de golpe y para siempre del colegio, incluso pareció creíble algo tan descabellado como que hubiera decidido abandonarlo todo para tratar de convertir este juego en un deporte olímpico. Porque eso fue lo que les contó cuando desapareció del colegio el viernes 10 de junio de 2011:

> Estimados alumnos y alumnas, os comunico que, desde el día 10 del presente, he pedido la baja definitiva como profesor de educación física en el colegio de los Maristas de Sants-Les Corts. Los motivos que me han llevado a tomar esta decisión son, fundamentalmente, asuntos familiares, personales y sobre todo pro-

yectar el *shoot-ball* a cualquier rincón del mundo. Os estoy muy agradecido por vuestro trato a lo largo de los años. Hasta siempre. Os quiero y no os olvidaré.

Atentamente,

JOAQUIM BENÍTEZ

Así se terminó la relación de Beni con la escuela de su vida. Y los recuerdos que dejó tras más de treinta años en la escuela eran más o menos estos y, por lo tanto, no era justo limitarse a decir tan solo que no eran malos sino que convenía reconocer que eran buenos. Desde que en 2011 mandó la carta de despedida hasta que Manuel Barbero se enfureció en 2016, el relato de su pasado se mantuvo intacto porque, al no ser desmentido por los Maristas, el puzle que mostraba quién era realmente Beni estaba incompleto. Faltaban las piezas más oscuras. A partir del 4 de febrero, todo eso cambió porque a las cinco denuncias por abusos sexuales que ya habían recibido los Mossos d'Esquadra se unieron muchas más. La cuenta de correo de Manuel Barbero, impulsada por la resonancia mediática, se desbordó.

«La tele estaba encendida con TV3 y salió esta noticia.» Óscar, una de estas víctimas de Benítez, me contó que aquella noche, como cualquier otra, se había sentado frente al televisor para ver el informativo y, de repente, oyó al presentador hablar sobre el caso de un profesor acusado de pederastia por parte de cinco antiguos alumnos maristas de Les Corts. Se quedó tan helado frente a la pantalla que el ruido que hacían su mujer y sus hijos en casa desapareció por completo. «Por fin.» Óscar había tratado de desenmascarar a Benítez sin éxito durante años. Siempre le había faltado valor para dar el paso definitivo. En 2005 avisó a los Mossos d'Esquadra de que había un pederasta en este colegio marista. Lo hizo a través de un canal (una web para denunciar a carteristas) y ese aviso se perdió. Aconsejado por una amiga policía, imprimió una carta y se paseó por los aledaños de la comisaría de Les Corts con el papel en la mano. No se atrevió a entrar. Frustrado por aquel ensayo inocuo, escribió un mail al director del colegio de Les Corts ese mismo año para contárselo todo a él. Asegura que no obtuvo ninguna respuesta del director. Había abandonado cualquier esperanza de que se descubriera quién era Benítez. Pero ese 4 de febrero por la noche, ahí estaba la noticia en el informativo de TV3. Óscar, tras apagar el televisor, contactó con Manuel y se puso a su lado para ayudarle a tirar del hilo. Secuencias parecidas debieron de repetirse esos días en la vida de varios exalumnos que guardaban en su cerebro un trozo de memoria incómoda con el que no habían sabido muy bien qué hacer. Y durante los días siguientes, un goteo incesante de hombres de 20, 30 o 40 años se acercaron sin hacer ruido a la comisaría de Les Corts y preguntaron por el cabo Pau, para completar con esos trozos de memoria incómoda los huecos del puzle de Beni.

Aquella tarde del 5 de febrero, cuando Chusa y el fotógrafo Josep García aparcaron junto a la casa de Beni, cerca de la frontera con Francia, se convirtieron en los primeros que fueron a pedirle explicaciones tras una huida encubierta del colegio el 10 de junio de 2011. Los dos reporteros salieron del coche y se acercaron hasta él y a su hermano mellizo. Benítez intuyó enseguida qué había motivado la visita de aquellos dos extraños. Posiblemente porque habría leído la prensa y porque acababa de recibir una notificación judicial para que se presentara en el juzgado número 6 de Barcelona.

—¿Es usted Joaquim Benítez? —le preguntó Chusa.

El hombre respondió que sí pero levantó la mano para que se detuvieran un segundo. Se volvió hacia su hermano y le pidió que entrara en casa y que se llevara con él a los dos perros. Después, volvió a centrarse en ellos y los observó con más atención.

—Pensé que todo esto se sabría antes, que no tardarían tanto.

El comentario del exprofesor de gimnasia les desorientó.

—Somos periodistas, ¿sabe por qué hemos venido?

Benítez torció el gesto. Intuía el motivo que había traído a los dos extraños hasta allí. Pero no esperaba que los primeros que vinieran a buscarle fueran periodistas. Tal vez esperaba policías o abogados. Lo pensó unos segundos y decidió no darle demasiada importancia.

—Estoy preparado para afrontar lo que hice, para dar explicaciones ante la sociedad.

Sacó unas cajas del garaje, que usaron a modo de banquetas, y empezó la entrevista.

—Voy a asumir mi responsabilidad —prosiguió—, todo lo que hice fue por mi propia debilidad. Sentía un impulso que no podía evitar, aunque sabía que hacía mal, lo sé... solo espero que ahora pueda tener la oportunidad de pedir perdón a aquellos chicos.

Chusa y Josep no daban crédito a lo que estaban escuchando. Estaba confesando. Josep se palpó la camisa y se levantó. «Necesito fumar», se disculpó. Fue hacia el coche aunque sabía que el paquete de tabaco estaba en el bolsillo de su pantalón. Lo que hizo fue sencillamente alejarse un poco para activar la grabadora del teléfono móvil. Cuando regresó, con un cigarro encendido entre los labios, Chusa le estaba preguntando cuántos chicos sufrieron sus abusos:

—No lo sé. Hay cosas que no debo contar porque voy a declarar ante el juez y allí quiero explicarlo todo oficialmente.

—¿Va a confesarlo todo? ¿Espera redimirse?

—En los últimos cuatro años he pasado cuentas con Dios, me he limpiado ante él, que es lo importante. Ahora toca hacerlo ante la gente. Si usted creyera en la resurrección, como yo, entendería que es importante que dé la cara. Estoy obligado a ser consecuente con lo que hice, cuando era una persona muy débil.

—¿Ahora ya no lo es?

—Ya no. Pertenezco a la Iglesia de Jesucristo de los Santos de los Últimos Días, la que la gente conoce como Iglesia mormona. Esa es toda la medicina que necesitaba. Ya no he vuelto a mantener relaciones sexuales. Con nadie. Estoy limpio. En los últimos cuatro años, desde que salí del colegio, he tenido trabajos como el de socorrista en una piscina municipal y nunca más ha vuelto a repetirse lo que pasó en Barcelona.

—¿Imaginaba que tendría que responder ante la justicia por lo que pasó en Barcelona?

—Desde luego que sí. De hecho, lo que me extraña es que hayan tardado cuatro años en hacerse públicos los hechos. Supongo que los Maristas, con quienes llegué a un acuerdo en 2011, han hecho también lo posible para que todo esto no trascendiera.

Chusa le preguntó sobre los abusos que contaban sus exalumnos. Benítez, que subrayó que no lo decía como una excusa, insistió en la pobreza de su infancia, la dureza del internado en el que estudió y la presión del catolicismo que recibió. Pidió también que no le llamaran «pederasta».

—Además de profesor de gimnasia yo también tenía el título de masajista. A veces algunos chicos se quedaban para que les diera un masaje y esa tentación era superior a mí. Peleé mucho contra eso, porque soy consciente de que hacía daño a esos chavales.

Los dos reporteros se encontraron con un hombre calmado pero atormentado, que escogía las palabras que quería decir antes de decirlas, porque llevaba mucho tiempo preparándose para aquella entrevista. Cuando esta acabó, pidió que no se revelara el nombre del pueblo en el que se encontraban porque quería proteger a su hermano minusválido. A cambio, accedió a que Josep le tomara una fotografía. Se puso una sudadera azul con una capucha y se apartaron hasta una zona boscosa que no resultara posible identificar. Benítez se colocó la capucha y caminó unos metros en solitario, alejándose del fotógrafo, que presionó el disparador.

Si es cierto que Benítez no había vuelto a atacar a más menores no fue porque hubiera decidido alejarse de estos. Tal como el cabo Pau subrayaba en el informe que derivó al juez Tabares, Benítez había seguido en contacto con niños contratado por diversas empresas de la comarca del Empordà. Además, lo había hecho ocupando cargos de «supervisión» de los chicos (socorrista o monitor) que podían procurarle situaciones de «intimidad» en las que existía un «riesgo evidente» de que pudieran haberse cometido «otros hechos delictivos».

—¿Crees que es verdad que no abusó de nadie desde que se fue de los Maristas? —le pregunté meses más tarde al cabo Pau.

El policía negó con la cabeza.

—No lo sé. Lo que es verdad es que yo no he podido demostrar lo contrario. Lo he intentado, pero realmente no he encontrado ninguna prueba de que abusara de más niños. No han aparecido víctimas posteriores a su paso por el colegio.

—¿Qué tipo de persona te parece Benítez?
—Es de los cobardes —respondió el agente—. Pero no de los locos. Sabía lo que hacía porque era bastante metódico. Aunque si hablas con él, te das cuenta de que no termina de tener los dos pies sobre el suelo.

El juez Tabares, después de la confesión de Benítez publicada por *El Periódico*, tomó declaración al profesor en la Ciutat de la Justícia al día siguiente. El magistrado citó también a Chusa y a Josep García, quienes —muy a su pesar— terminaron formando parte de una noticia que convirtió los abusos sexuales en los Maristas en algo especial para el diario. A los dos reporteros les preguntó por algunas cosas muy concretas del diálogo que habían mantenido con el pederasta. Ambos dedujeron que, en el fondo, lo que preocupaba al juez era si Benítez pretendía fugarse del país —vivía muy cerca de la frontera francesa— y si tenía intención de suicidarse. A Benítez le preguntó muchas más cosas. Frente al juez, no obstante, estuvo más comedido y solo admitió los abusos cometidos contra Eric, el hijo de Manuel. Negó recordar al resto de alumnos que lo habían denunciado, que por aquel entonces eran todavía solo cinco.

Tras aquella vista, el magistrado decretó la prohibición de que pudiera salir del país, la obligación de presentarse semanalmente a firmar en una comisaría y la obligación de mantenerse alejado de cualquier menor de edad. No dictó la prisión preventiva contra el pederasta porque no vio suficientes motivos para temerse que pudiera escapar, relativizó el riesgo de suicidio, porque este era algo que tampoco desaparecía manteniéndolo entre rejas, y valoró que, según los Mossos, no existía ninguna prueba de que hubiera vuelto a agredir a ningún niño desde que abandonó el colegio de Sants-Les Corts.

Al contrastar las palabras de Benítez con las declaraciones de sus víctimas, lo que ocurre es que da la impresión de que dice casi toda la verdad. Pero queda claro que no es completamente sincero. Benítez no abusaba de los chicos porque fuera una persona débil vencida por un impulso que lo sorprendía algunas veces mientras les practicaba masajes. Al contrario, el profesor siempre tuvo un plan para abusar de estos. Gracias a su buena relación con los estudiantes, por ejemplo, salía a menudo en bicicleta o incluso de fin de semana con ellos. Esto último quiere decir que algunos estudiantes —que aseguran que jamás les tocó— llegaron a compartir tienda de campaña con él. Benítez sabía cuándo era un buen momento para abusar de los críos y, por el contrario, sabía también cuándo tenía que contenerse. Y lo hacía, porque podía. Cada uno de los números del listado que viene a continuación se corresponde con un alumno que sufrió sus abusos en el colegio de Les Corts y que lo han denunciado a los Mossos d'Esquadra. Están ordenados cronológicamente y se acompañan tan solo del curso escolar en el que los sufrieron y de la edad que tenían entonces:

1. 1980-1981, 9 años.
2. 1983-1984, 13 años.
3. 1984-1985, 13 años.
4. 1984-1985, 14 años.
5. 1984-1985, 14 años.
6. 1984-1985, 12 años (denuncia retirada).
7. 1985-1986, 14 años.
8. 1986-1987, 13 años.
9. 1986-1987, 15 años.
10. 1988-1989, 16 años.
11. 1991-1992, 15 años.

12. 1993-1994, 16 años.
13. 1998-1999, 15 años.
14. 2006-2007, 13 años.
15. 2006-2007, 13 años.
16. 2007-2008, 13 años.
17. 2009-2010, 15 años.
18. 2010-2011, 13 años.

A partir de las declaraciones que el cabo Pau les tomó a todos ellos en una sala de la Unidad de Investigación, el Grupo de Personas elaboró un informe policial que envió al juzgado de instrucción número 6. En este detallaba que la coincidencia entre todos los relatos de estas víctimas era abrumadora:

> Cabe destacar que las denuncias recibidas por parte de los exalumnos de los Maristas son de hechos distribuidos a lo largo de un período extenso de tiempo por personas que no tienen ninguna relación entre sí y que denuncian una misma modalidad delictiva del Sr. Benítez. Se descarta la posibilidad de que se hayan concertado en contra de la persona investigada.

Salvo en el primer caso, que también se corresponde con la víctima más joven, de tan solo 9 años, Benítez no volvió a arriesgarse a realizar tocamientos a ningún menor fuera de su despacho. Del resto de chicos, sin ninguna excepción, abusó en su guarida, una habitación de seis metros cuadrados sin ventanas, ubicada junto a la piscina, que constaba de un escritorio y una camilla, que servía de almacén para el material deportivo. Allí los acorraló blandiendo unos supuestos conocimientos médicos de los que carecía. Es verdad que Benítez llegó a realizar algún curso de masajista, pero los únicos empleos que alternó con el de profesor de gimnasia en los Maristas fueron los de monitor de casal y socorrista de piscina durante no pocos veranos. Jamás ejerció nada parecido a una profesión sanitaria. No le hizo falta. Su *modus operandi* se mantuvo tan inalterable a lo largo de treinta años que resulta extraordinario comprobar hasta qué punto tampoco se esforzó en perfeccionar su tapadera. A todos les dijo algo de esto: que tenían la espalda torcida, que tenían una pierna más larga que la otra o que necesitaba tomarles unas medidas para un estudio que estaba realizando. Otros, inconscientemente, se pusieron a tiro atraídos por aquella impostura de médico deportivo y acudiendo a Benítez para decirle que habían sufrido alguna lesión. Sin importar el tipo de anzuelo que los hubiera llevado a su despacho, lo que ocurría después no era que Benítez cumpliera con el propósito de la visita terapéutica y, suplementariamente, terminara abusando de sus «pacientes». Lo que pasaba es que la supuesta visita terapéutica se transformaba desde el principio en una malla que iba apretando a los menores mientras liberaba al pederasta. Porque no solo había servido para que se encerraran con él a solas en aquella habitación sin cristales, también justificaba que les pidiera que se desvistieran, que se tumbaran en la camilla y que, sobre todo, se dejaran tocar. En el fondo, todo obedecía a este objetivo. No hubo ningún estudio, ni ninguna técnica milagrosa que corrigiera piernas desajustadas o enderezara espaldas torcidas. Solo había un abuso sexual. Tan metódico era que, si en algún momento sus excesos corrían el riesgo de ser descubiertos por aquellos críos contrariados, se esforzaba por disimularlos con más mentiras que improvisaba sobre la marcha. A uno de ellos le afeó que se sobresaltara advirtiéndole de que, para recibir masajes, tenía que acostumbrarse a ser tocado de este modo. A otro le dijo que tenía que tomarse los tocamientos en los genitales exactamente de la misma manera que si se estuvieran produciendo en la oreja. A un tercero le aseguró, antes de masturbarlo, que iba a practicarle una prueba de riego sanguíneo. A un cuarto le aseguró que necesitaba ver el color de su semen para descartar enfermedades. En definitiva, Benítez se tomaba muchas molestias en hacerles creer que todo era «normal».

Al final del encuentro, Benítez les soltó a muchos que tendría que verlos más veces para seguir con el tratamiento. Los que aceptaban a menudo veían recompensada esta continuidad con una mejora sustancial del trato que en público les dispensaba Beni, que incluso podía cristalizar en un aumento de sus puntuaciones académicas o en la convocatoria para las competiciones internas o extraescolares que montaba. Por el contario, los que se negaban a seguir con aquello, lo pagaban: Benítez se había ganado la confianza de muchos alumnos mostrándose cariñoso con ellos en público, generoso en abrazos y palmaditas en la espalda que habían hecho que se sintieran queridos, pero, cuando notaba que ya no querían verlo más a solas en su despacho, se convertía para estos en un docente esquivo que dejaba de mimarlos en público, que los castigaba con su indiferencia. Las represalias podían ser menos sibilinas y tener un eco negativo en las notas o derivar en un veto para los equipos que confeccionaba Beni. Una de estas víctimas díscolas detalló a los Mossos que su padre, tras ver que le había suspendido gimnasia el mismo profesor que semanas antes le había masajeado la espalda para curar una dolencia, quiso hablar con Benítez. Le preguntó dos cosas: qué le pasaba a la espalda de su hijo y por qué había suspendido gimnasia. Benítez respondió a lo primero diciendo que la espalda ya estaba bien y a lo segundo aventurando que el suspenso debía de tratarse de algún error que revisaría enseguida. El chico obtuvo finalmente un notable, un resultado superior a las notas que había promediado hasta entonces y que en ningún caso merecían tampoco el suspenso. El padre nunca supo que aquel masaje en la espalda había ido mucho más allá.

El cómo tuvieron lugar los abusos sexuales en el despacho de Beni es, posiblemente, tan importante como lo que pasó. Porque lo que pasó en todos los casos es que Benítez abusó sexualmente de todos ellos. Pero el modo en que lo hizo implicó, como siguen recordando tras tantos años sus víctimas, que «traicionara su confianza». No es poco, porque Beni era un maestro que buscaba generar un grado de confianza «muy elevado» con los estudiantes, porque parecía escucharlos y tratar de motivarlos para que dieran lo máximo en sus clases. Y lo logró porque para muchos se convirtió en casi un colega infiltrado en el claustro de profesores. Eso añadió, al poder absoluto del que todavía gozaba cualquier enseñante a comienzos de los años ochenta, una propina de credibilidad, la que tenía un adulto que parecía quererlos. «Era Beni, no podía ser que me hiciera una cosa mala», les remarcó a los Mossos uno de estos denunciantes para tratar de explicar por qué era tan difícil entender qué había ocurrido, primero, y atreverse a denunciarlo, después.

A algunos les llevó mucho tiempo ser conscientes del abuso sexual que habían sufrido. Otros lo supieron antes. Sin importar lo que tardaran en descubrirlo, lo relevante es que cuando lo hicieron no solo se percataron de que los habían tratado como objetos, también tuvieron que aceptar que alguien en quien confiaron les había engañado. Y ese sentimiento pegajoso se mezclaba con el resto de secuelas que dejaron los actos de Benítez. Porque en la mayoría de los casos las hubo, aunque —desde lejos— no resulte fácil entender cómo algo aparentemente tan inofensivo como caricias en zonas íntimas muy parecidas a las que se hacen para dar placer pudieron provocar efectos secundarios tan diversos. Uno perdió la confianza en los médicos para siempre. Otro dudó durante años de su identidad sexual. Otro sufrió episodios de ira. Otro conoció el estrés demasiado pronto y quiso remediarlo con las drogas. Otro se quedó envuelto en una sensación de culpa que no andaba lejos del autorrechazo. Otro empezó a dudar de su respuesta sexual y desarrolló problemas de erección tiempo después. Otro se deprimió y terminó por no querer salir a la calle. Otro se sintió incómodo a partir de entonces ante cualquier contacto físico entre hombres. Y a otro, esto último, le llevó a no volver a abrazar a su padre.

el Periódico de Catalunya

PARA GENTE COMPROMETIDA

do. 7

APARECEN MÁS VÍCTIMAS DE LOS ABUSOS SEXUALES — COSAS DE LA VIDA » Páginas 34 a 37

El pederasta campó a sus anchas durante años

El exprofesor pudo seguir en contacto con menores de 12 a 17 años pese a las denuncias

El Empordà descubre que fichó a un «monstruo»

El juez deja en libertad con cargos a Joaquim Benítez tras descartar el riesgo de fuga

'Truman' triunfa en los Goya
La película logra 5 de las 6 nominaciones, entre ellas, al mejor filme, director y actor — TEMA DEL DOMINGO » Págs. 2 a 6

MÁS PERIÓDICO

«Sigo sin poder ir sola a un centro comercial»

Marina fue víctima de la violencia machista de los 18 a los 19 años.

Sánchez ve «mimbres» para el acuerdo y acerca posturas con el PNV
PANORAMA » Páginas 20 y 21, y editorial

El precio de los pisos de alquiler de BCN se dispara tras cinco años de bajadas
COSAS DE LA VIDA » Páginas 40 y 41, y editorial

ANTAÑO — Líder de Rioja

4

El escándalo

Nadie estaba preparado para descubrir que Benítez no era el único pederasta que había pasado por el colegio de Sants-Les Corts. Del mismo modo que seguir a una hormiga que carga con una miga de pan conduce hasta el hormiguero, seguir el rastro de los abusos sexuales del profesor de gimnasia condujo a ventilar los secretos que escondían varios de sus colegas. Benítez, el último cabo suelto que en 2011 seguía haciendo en su despacho de la piscina —aislado del paso del tiempo— lo que otros habían hecho cuando no era preciso esconderse tanto, terminó por descubrirlos a todos. Había caso Benítez. Pero era tan solo el primer capítulo del Caso Maristas.

Sucedió así: después de tres días informando sobre la actividad criminal del profesor de gimnasia se estaba indagando públicamente en delitos cometidos durante la década de los ochenta. Ocurrió lo que, posiblemente, se temían los Maristas y por lo que habían decidido confinarse cuando surgieron las denuncias contra Benítez. Manuel Barbero, que solo buscaba víctimas de Benítez, empezó a recibir mensajes de exalumnos que habían sido atacados por otros profesores del mismo colegio en esa época. Hasta la redacción del diario llegaron incluso llamadas de estudiantes más antiguos que querían explicar lo que habían vivido ellos en tiempos anteriores a los ochenta. Por primera vez en Catalunya (y en España) parecían haberse puesto de acuerdo muchas personas para hablar —sin tapujos— de abusos sexuales y colegios religiosos, una asociación de dos conceptos tan infestada de rumores como huérfana de pruebas. Todas ellas sintieron que había llegado el momento de ajustar cuentas con los docentes que las habían humillado en la infancia. Tocaba escucharlas.

Los Mossos d'Esquadra registraron denuncias contra otros tres profesores de los Maristas: Felip, Mariano y Arnold. Las tres incoaron diligencias, pero ninguna de estas causas llegó a investigarse seriamente porque los respectivos magistrados, tras dar parte a los fiscales, las archivaron al cabo de unas semanas. Todas hacían referencia a abusos ya prescritos. Las posibilidades de juzgarlos eran remotas, como se terminaría demostrando. Sin embargo, eran noticia. Explicar quiénes eran y qué habían hecho tenía interés. Fue posible gracias a varios personajes secundarios pero imprescindibles dentro de esta trama. Ellos pusieron las baldosas a través de las cuales avanzó esta investigación. Los suyos fueron roles vaporosos destinados a desaparecer del recuerdo, absorbidos por la fuerza gravitatoria que emanan los protagonistas, los únicos que perduran. No sería justo olvidarlos porque jugaron un papel crucial, ensamblaron el principio con el desenlace. Sin ellos, no habría Caso Maristas, una investigación llena de personas anónimas.

Álex es uno de ellos. Este hombre probablemente es el primer estudiante que presentó una denuncia por abusos sexuales contra un profesor de los Maristas. Fue en 1996 y acusó a un docente del colegio de Sants, Arnold. Este episodio no trascendió porque ya entonces, cuando Álex tenía solo 23 años, los delitos denunciados estaban prescritos. Esa vieja denuncia que no logró nada contra Arnold, sí sirvió para que yo llegara hasta Jorge García —otro personaje secundario pero imprescindible— casi veinte años después.

Encontré a Jorge García por Twitter el domingo 7 de febrero poco antes de la medianoche. Ese día, en la versión digital, el diario había publicado la historia de Álex, en la que este detalló que Arnold había abusado de él en unos campamentos durante la década de los ochenta. En la noticia el enseñante aparecía identificado con las letras «A.F.». Pero Jorge supo de sobra quién se escondía detrás de esas iniciales. Tras leerla, me contactó a través de la red social. Nos pasamos enseguida a hablar por el chat interno de la aplicación:

—Hola. Soy exalumno de Maristas. Mañana iré a declarar. He visto que ha salido un nuevo profe. ¿No será Arnold?

—Hostia. Llámame (escribí mi número de teléfono).

Este diálogo que todavía conservo en mi teléfono está registrado a las 23.51 horas del 7 de febrero. Al día siguiente, Jorge vino al diario después de pasarse por la comisaría de Les Corts y reunirse con el cabo Pau para presentar una denuncia contra dos profesores: Arnold y Felip. El segundo y el tercer docente implicados en el Caso Maristas después de Joaquim Benítez. Vino a la redacción y explicó que acababa de poner al corriente al investigador de los Mossos d'Esquadra de los abusos que sufrió por parte del hermano Felip y del profesor Arnold. Eran sendas querellas que resultarían decisivas. Apuntaban a Arnold, quien a pesar de haber sido ya acusado de pederastia por Álex en

1997 siguió ejerciendo de docente sin problemas hasta que se jubiló, y al hermano Felip, que actualmente seguía en activo en el colegio de Sants-Les Corts.

Al hermano Felip lo acusó de masajearle los pezones en clase y de meter su mano en el bolsillo trasero del pantalón cada vez que lo sorprendía por el pasillo. Nunca llegó más lejos. A Arnold lo acusó de algo todavía más ambiguo. En unas colonias, Arnold lo sacó a él y a un par de compañeros del comedor en el que cenaban por mala conducta. Jorge me remarcó que el supuesto mal comportamiento no había existido y eso provocó que tanto él como los otros dos afectados se quedaran castigados a la fresca preguntándose inquietos qué habrían hecho. Estaba lloviendo y ese rato a la intemperie los dejó calados. Cuando Arnold decidió perdonarles lo que hubieran hecho, se los llevó a las habitaciones. Para entrar en calor, les obligó a ducharse. El profesor cogió una silla y contempló plácidamente cómo lo hacían. Jorge era solo un crío, pero el mosqueo que tuvo entonces lo seguía manteniendo ahora. Sabía, sin poder demostrarlo, que se inventó una excusa para que se remojaran y poder obligarlos a ducharse delante de él.

Por perturbadores que fueran ambos sucesos eran más leves que el contenido de la mayoría de denuncias. Al propio Jorge le entraron dudas acerca de si había actuado o no correctamente al denunciarlos. La respuesta a esta duda es que si no lo hubiera hecho nunca hubieran aparecido personajes protagonistas en esta historia como Ferran Barnet y como Jota. De Jota, aún no ha llegado el momento de hablar. De Ferran, sí.

La familia de Ferran Barnet, de raíces campesinas que se hundían en un pueblo de Lleida, abrió a mediados de los años setenta una tienda de frutas y verduras en el mercado de Sants. Su madre, Maria Carme, me explicó que lo que habían previsto para Ferran era que creyera en Dios, que fuera temeroso de su poder y que se convirtiera en una buena persona. Tan importante como que estudiara era que lo hiciera en un colegio religioso. Y el de los Maristas era el mejor. Pagaron más dinero del que podían pagar sin meterse en apuros y lo matricularon en el colegio marista de Sants. Hasta que Ferran no llegó a octavo de EGB, no tuvieron ningún motivo para creer que tanto esfuerzo acabaría sin recompensa.

Durante este curso escolar, el de 1986-1987, el chico acudió junto a otros veinte estudiantes a unas convivencias que la orden celebraba en un albergue de Llinars del Vallès. Una noche de las que pasaron lejos de casa mientras duraron estas colonias de claro tono religioso Ferran chocó violentamente contra una verdad que escapaba a la manera de entender las cosas que tenían sus padres. Se acostó como los días anteriores en su litera y se quedó dormido. No se despertó al día siguiente, se despertó en mitad de la noche, bruscamente, cuando notó una mano palpando bajo sus pantalones de pijama. Al abrir los ojos, desorientado, distinguió junto a su litera la figura de un adulto al que conocía bien pero al que no podía reconocer haciendo eso. Tanto le sobresaltó descubrir la zona más oscura de un profesor —al que quería— que todo cuanto supo hacer fue darse la vuelta y enrollarse con fuerza dentro del saco. No abrió la boca, no protestó. Todavía sentía el contacto de aquella mano traicionera sobre su parte más íntima y no dejaba de preguntarse si verdaderamente acababa de descubrir a Felip, su profesor de dibujo, hurgando dentro de sus calzoncillos. Al pederasta, por el contrario, no le incomodó lo más mínimo el verse sorprendido por Ferran y, tras ver cómo se revolvía para darle la espalda, se incorporó y se fue a por otros chicos que dormían en esa misma habitación.

Al día siguiente, varios de ellos se encontraron en el desayuno y poco a poco se fueron explicando lo que había sucedido por la noche. A pesar de su juventud, fueron lo bastante conscientes de que difícilmente iban a creerles. Y, además, la vergüenza que sentían les conminaba a mantenerse callados. «Esto no debe salir de aquí, hagamos un pacto de silencio», se conjuraron. Sin embargo, a tres de ellos —Ferran era uno de estos tres— les costó demasiado no romperlo. Ferran no tomó la decisión de faltar a la palabra que había dado a sus compañeros, sencillamente fue delatado por las lágrimas que lo arrasaron en cuanto el tren llegó a la estación de Sants y vio la cara de su padre esperándole en el andén.

Durante el viaje en coche, desde la estación de Sants hasta su casa, el padre no pudo consolarlo. Era incapaz de comprender qué le ocurría al chico. A las convivencias de Llinars del Vallès había asistido porque formaba parte del «Espai mà oberta», un colectivo interno de los Maristas montado con fines benéficos. Allí los chicos acompañaban a los hermanos a dar comida a familias sin recursos o les ayudaban a organizar algún concierto. Era el primer paso para distinguirse del resto de alumnos que no mostraban ningún interés en ser candidatos para el ingreso en la orden. En Llinars del Vallès a menudo iban para profundizar en el deseo de recibir la llamada y para allanar el terreno de su reclutamiento. Expresado de este modo suena sombrío, y en realidad no debería serlo dado que cualquier hermandad se perpetúa convenciendo a los jóvenes de que deben seguir los pasos de los ancianos. Pero cuando lo cuentan víctimas como Ferran, suena sombrío. Él perdió la fe de la noche a la mañana. Al llegar a casa, les contó a sus padres por qué.

—Estuvimos toda la noche despiertos —recuerda su

madre, María Carme Cisteró—. No podíamos procesar una traición tan grande. Y nos pareció que el director de la escuela se mostraba tan sorprendido como nosotros cuando se reunió conmigo. Me enredó hablándome de los doce apóstoles de Jesucristo y de que uno le había fallado también a él. Me explicó que así se sentía él ahora con respecto a Felip, al que comparaba con la figura de Judas. Me prometió que lo castigarían.

Ferran no había sido el único que rompió el pacto de silencio. Hubo otras dos familias que hicieron lo mismo que Maria Carme y acudieron a la escuela. La presión de las tres obligó al colegio a mover ficha. Pero no lo hizo en la dirección en la que supuestamente correspondía hacerlo. A partir de entonces, a Ferran y a los otros dos soplones los sacaban de clase para mantenerlos alejados del hermano Felip. El invento funcionó hasta que un día, tras cruzarse Ferran con Felip en el recreo, este le contó a su madre que había vuelto a ver al hermano por el colegio ese mismo día y le aclaró que, si hasta entonces no lo había visto, se debía al hecho de que a los tres los sacaban a menudo del aula.

Maria Carme se sintió contrariada. Confió en la palabra que le dio el director y se negaba a creer que podía haberle tomado el pelo sobre un asunto tan grave. Se reunió de nuevo con él y, aunque el director era la misma persona de la vez anterior, se comportó como alguien completamente distinto: ni rastro de toda la aflicción mostrada durante la primera reunión, ahora solo había soberbia.

—Se reía de mí. Me retó a denunciarlo avisándome de que lo de Llinars ya estaba prescrito por la ley y remarcándome que la sociedad si tenía que elegir entre creer a mi hijo o al hermano Felip, lo tendría fácil. «Saca a tu hijo de los Maristas, sácalo, porque de todos modos nunca será nada.»

Cuesta de creer. Pero así ha quedado registrado este episodio en la memoria de la mujer. Maria Carme, tras escuchar aquellas palabras, salió del despacho descompuesta y se detuvo a llorar frente a la esquina de la plaza de Sants opuesta a la entrada del colegio, justo donde tiempo después abriría una sucursal de General Óptica. Allí la detuvo un profesor seglar de la misma escuela. La escuchó atentamente, la consoló y le pidió que no sacara a Ferran del colegio hasta que terminara octavo. Le prometió que él estaría encima del chico todo el tiempo. Según recuerda esta madre, que ahora tiene 70 años, este maestro —ya fallecido— le admitió asimismo que los hermanos eran intocables y que no podía hacer nada salvo vigilar a Ferran. Su trabajo pendería de un hilo si desafiaba a la institución. Todo cuanto podía hacer aquel profesor, bastó, porque a Ferran el hermano Felip no volvió a ponerle la mano encima. Aunque terminar octavo sirvió de poco.

—Me dejó tanta rabia dentro que ahora sé que aquello fue decisivo para que mi vida cambiara por completo. Sin aquel episodio quizás hubiera seguido estudiando. Pero después de aquello, no solo empecé a odiar todo lo religioso, también comencé a detestar los estudios.

Maria Carme, durante la conversación telefónica que mantuvo conmigo, también me dijo que si escribía cualquier cosa sobre este episodio a ella podía citarla con nombres y apellidos. Según me contó, en el barrio no la creyeron ni a ella ni a Ferran. Aunque ninguno de los dos se arredró y con más o menos frecuencia lo siguieron dejando caer a quien quisiera escucharles. Para el vecindario, sin embargo, enseguida estuvo olvidado.

Sobre Felip, llegué a saber más cosas. Casi todas se parecían bastante a lo que contó Ferran Barnet. Pero hay una anécdota que sí merece la pena escribir aquí. Ocurrió en unas colonias que dos exalumnos situaron durante el verano de 1983 en Beget, un pueblo de la Garrotxa. La temática de ese campamento iba «de piratas» y uno de los juegos que organizaron sus responsables consistía en encontrar un tesoro. Los profesores distribuyeron pistas y los chicos, por grupos, se pusieron a buscarlo. El tesoro resultó estar escondido bajo la tienda de Felip. El grupo vencedor —al que pertenecían los dos exalumnos que hablaron conmigo— tuvo que desmontar la tienda para desenterrarlo. Me mostraron una fotografía en la que posan victoriosos con el cofre de madera que encontraron. Lo que no se imaginaban mientras se tomaba aquella imagen es que al desmontar la tienda de Felip este se quedó sin sitio para dormir. «¿Dónde crees que pasó esa noche?», me retaron. «Durmió en nuestra tienda.» Podía haber escondido el tesoro en cualquier otro sitio, pero ordenó enterrarlo allí porque el plan era pasar la noche amontonado con los menores que lo descubrieran.

Cuando *El Periódico* publicó la denuncia de Jorge García, en la que describía los tocamientos de un docente cuyas iniciales eran F. M. (las del hermano Felip), la prima de Ferran lo llamó por teléfono. Y al poco rato, otro amigo, un antidisturbios de los Mossos d'Esquadra, contactó con él para decirle lo que ya sabía: «Ha llegado la hora de denunciarlo.» El policía le pidió que lo hiciera y le pidió algo más, que hablara con la prensa. Ferran explicó su historia en el diario *La Vanguardia*. Conmigo no hablaría hasta mucho tiempo después.

Felip cosechó en pocos días tres denuncias por abusos sexuales. La dirección de la escuela comunicó que lo apartaba de la enseñanza y del contacto directo con menores hasta que se aclarase la investigación de los Mossos d'Esquadra. El hermano que se había comportado como el apóstol que traicionó a Jesucristo, nunca fue castigado. Todo lo contrario, a pesar de las quejas de tantas familias (tres por lo menos), fue ascendido y en 2016, cuando llegaron las denuncias, era el subdirector del colegio de Sants-Les Corts.

Sin que Álex hubiera explicado su caso al periódico, Jorge García no habría contactado conmigo a través de Twitter el domingo 7 de febrero poco antes de medianoche. Y sin que Jorge García acudiera a la redacción del diario para relatar los abusos que había sufrido por parte de Felip, la familia de Ferran Barnet no se habría animado a sacudirse la espina que seguía clavada desde 1987. Así se estaba contagiando el escándalo de abusos sexuales, gracias a las baldosas que ponían personajes secundarios pero imprescindibles.

1,30 € LUNES 8 DE FEBRERO DEL 2016

CONSELL DE CENT 425-427
BARCELONA. TEL. 93.265.53.53
www.elperiodico.com
www.grupozeta.es

DIRECTOR
ENRIC HERNÁNDEZ

el Periódico de Catalunya

PARA GENTE COMPROMETIDA

lu. 8

JORDI COTRINA

GRAN MARCHA EN AMPOSTA

Clamor por el Ebro

▶ La plataforma en defensa del río reclama a Bruselas que detenga los planes del PP

COSAS DE LA VIDA
▶ Páginas 24 a 26 y editorial

REVELACIONES SOBRE LA PEDERASTIA EN BARCELONA | TEMA DEL DÍA ▶ Páginas 2 a 5 y editorial

Nuevos casos de abusos de profesores de los Maristas

|| **Dos exalumnos** acusan a un religioso y a otro docente del colegio donde trabajaba Benítez || **Uno de los delitos** quedó sin castigo porque la víctima lo denunció justo después de prescribir

---

El juez interroga en Andorra a gestores de los Pujol

▶ De la Mata viajó al Principado antes de que el 'expresident' declare en la Audiencia Nacional

PANORAMA ▶ Páginas 16 y 17

Los azotes de la Mina

▶ Crack, droga y violencia entre clanes estancan al barrio

LA MADRE DEL ASESINADO EN EL PORT OLÍMPIC
«Que la justicia los coja antes que nosotros»

COSAS DE LA VIDA
▶ Páginas 30 y 31

Luis Enrique iguala un récord de Guardiola

▶ El Barça suma 28 partidos sin perder tras ganar al Levante (0-2)

PRIMERA FILA ▶ Páginas 38 a 41

la firma al contrataque
El director que no quiso ser hijoputa

JORDI ÉVOLE

MKPREMIUM
THE BUILDING PROVIDER

COMPRAMOS EDIFICIOS EN TODA BARCELONA

T 935481403
info@mkpremium.com

5

Candela y Mariano

—¿Delante de toda la clase?
—Sí.
—A ver... quiero estar seguro de entenderlo bien... ¿puedes explicármelo otra vez?
—Sí. —La mujer tomó aire, lo expulsó en forma de risa nerviosa y volvió a empezar—: Él nos ponía ejercicios. Ya sabes: «Coged la página 5 del cuaderno y resolved los problemas del 1 al 3» —parafraseó evocando algo frecuente en cualquier aula de primaria—. En cuanto ordenaba comenzarlos, a mí me pedía que viniera a su mesa. Me levantaba en brazos y me sentaba sobre su regazo. Mientras los otros hacían los ejercicios, me tocaba.
—¿Tus compañeros no lo veían?
—La mesa del profesor tenía una placa de madera frontal. Cuando yo estaba sobre sus piernas, mis compañeros no veían bien qué hacía el maestro con las manos.
—Verlo tal vez les resultaba difícil. Pero seguro que se lo imaginaban...
—¿A esa edad? Imaginar que el maestro me estuviera haciendo algo indebido era imposible. Todo lo contrario,

los chicos a veces incluso me lo echaban en cara porque decían que me tenía mimada.

—Siento tener que preguntarte esto, pero... ¿Estamos hablando de tocamientos superficiales o por debajo de la ropa interior?

—Por debajo.

—¿Cuántas veces pasó?

—No soy capaz de contarlas. Pasaba muy a menudo.

—¿Te dejó secuelas?

—De entrada, ninguna. Había cosas, como el hecho de que tuviera una erección mientras abusaba de mí o que se levantara para ir al baño cuando me daba permiso para volver a mi pupitre, que no encajaron hasta que leí una noticia sobre la pederastia cuando ya tenía 13 años. Entonces lo entendí todo.

—¿Qué te pasó?

—Empecé a pedirles a mis padres que dejaran de llevarme a la escuela. Creo que me deprimí.

—¿Qué recado le mandarías a ese profesor si pudieras decirle algo?

—Que yo importo. Que yo no soy una cosa.

Esta última respuesta me sorprendió. Esperaba otra cosa, tal vez un mensaje cargado de resentimiento. Con el tiempo, en cambio, me di cuenta de que la respuesta era perfecta. Lo que su maestro empezó a hacerle con 7 años la degradó hasta convertirla básicamente en un instrumento que había utilizado para excitarse. El adulto había violentado el cuerpo de una niña y lo había hecho olvidándose de la niña. Lo que ahora le recriminaba con una respuesta tan aséptica era precisamente esto, que la hubiera tratado como si no existiera, como si pudiera disponer libremente de su cuerpo porque, para el adulto, la niña no importaba. El mensaje también era perfecto porque, transcurridos más de veinticinco años, ya no le pedía ninguna explicación a él directamente, lo ignoraba porque ahora era él quien no tenía ninguna importancia para ella. Me hubiera gustado haber podido hablar con Candela algún día acerca de esta última respuesta. Saber exactamente por qué había elegido estas palabras y si sus motivos para hacerlo eran realmente los que yo he interpretado más tarde. Pero no ha sido posible porque con Candela no todo terminó como hubiera querido.

Esta mujer pertenecía a la segunda promoción mixta que entró en los Maristas, integrada por chicos y chicas nacidos en 1982. Ella estudió en el colegio de Sants-Les Corts, pero los abusos que sufrió no tuvieron lugar dentro del centro de la calle Vallespir si no en el de la calle Antoni Capmany. Convendría aclarar por qué el nombre oficial de este colegio alude a dos vecindarios barceloneses diferenciados. Hay una escuela marista en el barrio de Les Corts y otra en el barrio de Sants. A mediados de los años noventa, coincidiendo con la reforma educativa que instauró la ESO y eliminó nombres como EGB, BUP y COU, se fusionaron. El centro resultante pasó a denominarse Maristes Sants-Les Corts, un nombre para dos colegios distintos. Los alumnos que cursaban primaria en el centro de Sants saltaban automáticamente al de Les Corts para cursar ESO y Bachillerato.

Candela sufrió estos abusos cuando estudiaba tercero y cuarto de EGB en la escuela de Sants. Me contactó después de haber hablado con Manuel Barbero y de haber presentado una denuncia contra su maestro del colegio de Sants en una comisaría de los Mossos d'Esquadra. Según me explicó Manuel, ella quiso dar otro paso y se animó a hablar con la prensa. Esta conversación la mantuvimos telefónicamente el lunes 8 de febrero, poco antes de las dos del mediodía. Algunas frases del diálogo anterior podrían no ser del todo exactas. Pero en esencia, el contenido y el sentido de las mismas sí lo son. Con ella me comprometí a preservar su anonimato, a mostrarle la noticia en cuanto saliera publicada en la web del diario y a tratar de localizar al docente que la agredió, si aun seguía vivo. Esto último no pareció preocuparle demasiado. A mí sí me preocupaba.

El profesor que tocaba a Candela para distraerse mientras los demás alumnos hacían las tareas encomendadas se llamaba Mariano y seguía vivo. Era un jubilado de unos 70 años que vivía en un bloque de unas diez plantas construido cerca de la línea imaginaria que separa L'Hospitalet de Llobregat de Barcelona. A las diez de la noche del lunes 8 de febrero, Chusa y yo estábamos frente al portal del edificio de Mariano, dispuestos a conseguir otra confesión de un pederasta de los Maristas. Había escrito la historia de Candela basándome en la entrevista telefónica y en la copia de la denuncia policial que me mandó por whatsapp. Faltaba la versión de Mariano sobre todo lo ocurrido.

Pulsamos el interfono y respondió una mujer, que no quiso abrirnos alegando —acertadamente— que no eran horas para que unos desconocidos llamaran a la puerta de un domicilio particular. Además de su dirección, habíamos encontrado también un teléfono fijo. Dudamos unos instantes, pero antes de irnos decidimos llamar e insistir un poco más. El teléfono dio tres o cuatro tonos y apareció la voz de la misma mujer que acababa de pedirnos que nos fuéramos de su casa a través del portero automático. Se identificó como la esposa de Mariano, nos dijo que su marido ya estaba acostado y, visiblemente incómoda, nos regañó otra vez por presentarnos a esas horas. Le di la razón en todo y, a cambio, ella me dejó unos segundos de margen que invertí en contarle, sin entrar en detalles, que éramos redactores del diario *El Periódico* y que queríamos hablar con su marido porque una información, que saldría publicada en la edición de papel del día siguiente, le afectaba directamente. No me entendió demasiado bien. Sin embargo, aceptó abrir la puerta y sacar a su marido de la cama para que nos atendiera.

Mientras subíamos en ascensor, empecé a desinflarme. Hasta la casa de Mariano había llegado alterado por la rabia que me había inoculado el relato de Candela. Para mí, llamar a su puerta y decirle a la cara que todo lo que hizo iba a salir publicado al día siguiente era también una forma de darle un poco de justicia a aquella niña que en 1989 sintió por primera vez que no importaba por culpa de su maestro. Pero no me movía solo ese deseo infantil. Para ser completamente sincero, hasta la casa de Mariano había llegado espoleado por algo más. El impacto social que había generado la confesión de Benítez había sido tremendo y resultaba demasiado tentador coquetear con la posibilidad de conseguir la confesión de otro pederasta tan solo tres días después.

En el ascensor, tras aguantar el rapapolvo telefónico de la mujer de Mariano, tuve que concentrarme en recordar que habíamos venido exclusivamente para darle a este hombre la oportunidad de dar su versión sobre las acusaciones de Candela. Porque hacer eso era lo más justo. Y que lo de confundir el trabajo de un periodista con el de los justicieros, o lo de actuar movido por la ambición en lugar de limitarse a informar, eran dos síntomas alarmantes que no solo restaban legitimidad a lo que íbamos a hacer, también indicaban que, al final del quinto día del Caso Maristas, comenzaba a perder el norte. Cuando el ascensor se detuvo, salí al rellano aparentando que seguía envalentonado por la misma seguridad que me había traído hasta su casa cuando la verdad es que todo el aplomo se había quedado en la planta baja. Chusa tocó el timbre. En esas condiciones, cuando Mariano abrió la puerta, todo se fue irremediablemente a la mierda.

Había imaginado a un viejo repugnante, enfundado en un traje de soberbia que estaría pidiendo a gritos la venganza que traíamos entre las manos. Pero Mariano era todo lo contrario: un exmaestro jubilado, aquejado de sordera, que únicamente estaba enfundado dentro de un batín. El aspecto de su esposa, una pensionista canónica, resultaba todavía más disuasorio. Durante los primeros instantes, la conversación fue cómoda porque todas las palabras que intercambiamos fueron cordiales y de relleno. Casi se nos olvidó el motivo real que nos había traído hasta allí: Mariano había sido denunciado por hacer tocamientos a Candela en 1989, una niña de 7 años. No era posible menospreciar el hecho de que nosotros habíamos golpeado su puerta porque estábamos en posesión de una información que podía dinamitar la relación entre ellos —y quizá la vida entera de ambos— en cuanto la verbalizáramos. Especialmente la de ella, que mientras hablaba con nosotros quemaba los últimos segundos que le quedaban sin saber que el hombre de su vida podía ser un pederasta. Daba pena romperle el corazón. En cuanto a él, me di cuenta de que deseaba dos cosas opuestas: que todo lo que me había contado Candela fuera cierto porque eso querría decir que se merecía aquella irrupción nocturna de dos reporteros y que todo lo que me había contado Candela fuera falso porque eso querría decir que Mariano y su mujer podrían seguir con la vida tranquila que, aparentemente, merecían.

—¿A ver, entonces vosotros sois periodistas? —preguntó finalmente la mujer, enfilando un camino sin retorno.

—Sí, estamos llevando el caso de Joaquim Benítez.

—Y dirigiéndome a él, añadí—: Usted es el exprofesor Mariano, ¿no?

—Sí.

—¿Y usted daba clases en el colegio de Sants a finales de la década de los ochenta y a comienzos de los noventa?

—Sí.

—¿En cursos de segundo y tercero de EGB?

—Sí.

Final del trayecto, última parada. Candela lo había denunciado aquella misma mañana y el diario lo contaría todo al día siguiente. Independientemente de si nosotros se lo avanzábamos entonces o nos íbamos sin decir nada más, Mariano y su mujer sabrían muy pronto qué tipo de acusación planeaba sobre él. Además —me consolé— era engañoso plantearse aquella situación presuponiendo que si revelábamos el verdadero motivo que nos había traído allí sucedería algo terrible para aquel matrimonio por nuestra culpa. Porque lo terrible —el maltrato sexual a una menor— ya había pasado hacía más de 25 años. Y, si era verdad lo que había contado Candela, la culpa de todo aquello, a pesar de que estallara con tantos años de retraso, seguía siendo del que cometió el delito —Mariano— y no de los mensajeros que lo reportaban en diferido. Esto segundo me sirvió de consuelo entonces. Pero no era completamente acertado darle este enfoque. Los abusos en sí y el daño que podía generar airearlos eran cosas distintas. En realidad, todos los dilemas morales que suscitaba informar sobre el caso de los Maristas colgaban de aquí.

—Una exalumna ha puesto una denuncia contra usted por abusos sexuales. Hemos venido para preguntarle su opinión acerca de este hecho.

El viejo se golpeó el pecho y lanzó un grito:

—¡A mí!

—Sí —le repitió Chusa.

Su mujer se llevó las manos a la cabeza y reaccionó tan escépticamente que parecía que tratábamos de convencerla de que no se había casado con un hombre sino con una avestruz. Pero la reacción de Mariano fue distinta. No tengo muy claro cómo debería interpretarse. Por un lado, estoy seguro de que Mariano no eligió la mejor manera de defender su inocencia pero, por el otro, no creo que su desconcertante defensa deba ser leída como una pista que conduzca a su culpabilidad. Para empezar, porque me falta formación para concluir que lejos de despejar las dudas terminó por incriminarse y, en segundo lugar, porque no debe perderse de vista que el viejo acababa de salir de la cama para recibir a dos extraños que lo acusaban de pederastia. Es decir, quizá si se hubiera mantenido sereno ante aquella situación extraña cuando lo lógico era perder la calma, si hubiera hilvanado argumentos sólidos ante una denuncia tan vergonzante, también hubiera dado la sensación de que la acusación no le había pillado tan desprevenido como cabía suponer. Quizás, en aquel escenario, lo más lógico era defenderse espantosamente mal y parecer casi culpable. Por eso digo que no sé cómo debería interpretarse lo que sucedió a partir de entonces.

—¿Qué dice la denuncia? —preguntó Mariano.

—Que usted se la sentaba en la falda y que le hacía tocamientos en sus genitales durante la clase, mientras el resto de alumnos hacían ejercicios.

—¿Cuándo?

—La víctima dice que cuando cursaba tercero y cuarto de EGB, debió de ser en 1990. Usted fue su tutor durante dos años seguidos.

—¿En 1990?

—Sí.

—¿Cómo voy a acordarme si fue en 1990?

La pregunta de Mariano era inquietante. Al dar a entender que no podía recordar algo que había pasado en 1990 también estaba admitiendo que los abusos denunciados podrían haber ocurrido y que él podía haberlos olvidado. La primera que se dio cuenta de esto fue su mujer.

—¿Pero por qué dices que no te acuerdas? —le riñó—. ¡Di que no lo hiciste!

No sabíamos si apretarle más las tuercas a Mariano o pedirle disculpas por aquella visita de mal gusto y marcharnos por donde había venido. Chusa optó por rebajar la gravedad del asunto recordando que se trataba tan solo de una denuncia policial y, por lo tanto, de la palabra de una supuesta víctima contra la suya. Mariano no agarró el cable que le lanzó Chusa y cometió más veces el error de escudarse en la memoria en lugar de negarlo todo tajantemente.

—¡Pero claro que te acordarías si lo hubieras hecho! ¡Pero no lo hiciste! ¡No es que no lo recuerdes, es que no lo hiciste! —se desgañitaba su mujer.

Envuelto en su batín y aprisionado entre los periodistas y su mujer, Mariano cambió de estrategia pero se decantó por otra peor que la anterior: tratar de desdibujar las líneas que separan las caricias que un maestro puede hacerle a un alumno para transmitirle su afecto de los contactos físicos que innegablemente indican que un adulto se está aprovechando sexualmente de un menor. Supongo que lo hizo para insuflar aire a la hipótesis de que todo pudiera deberse sencillamente a un malentendido de Candela.

—Yo era un profesor cercano y, a veces, era cariñoso con mis alumnos. Pero tendríais que haber visto lo que hacían las maestras cuando llegaron al colegio. —Antiguamente había solo profesores varones—. ¡Cogían a los niños en brazos y los besaban!

De nuevo, la primera que se negó a aceptarlo fue su propia mujer.

—Mariano, vamos a ver, una cosa es dar un abrazo o un beso y otra muy distinta es hacer lo que cuentan ellos sobre tocar a una niña «ahí» durante la clase. —Golpeando su brazo insistió en esto último—. No es lo mismo.

A pesar de que la defensa de Mariano hacía aguas por todas partes, objetivamente, el hombre tampoco había reconocido los hechos. Allí no había ninguna confesión. Queda la duda de saber cómo habría acabado aquella conversación si su esposa no hubiera estado delante. Porque el viejo tal vez habría podido enredarse en más contradicciones, pero ella no estaba dispuesta a permitírselo. No se trataba de una reacción corporativista a escala familiar, era mucho más tierno que todo eso. Sencillamente, no quería escuchar que su Mariano era un pederasta y necesitaba seguir convencida de que lo que decían esos dos periodistas era llanamente una estupidez. Me aparté de ellos con discreción mientras seguían hablando con Chusa, salí del domicilio y me senté en las escaleras del rellano, junto a la puerta del domicilio de enfrente. Llamé a Candela.

—Candela, soy Guillem, del diario. Ahora mismo estoy con Mariano.

Empecé a intuir enseguida lo mucho que me estaba equivocando. Le expliqué que había encontrado a Mariano, que estaba con él en esos instantes y que su reacción había sido la de negar las acusaciones.

—¿Que estás con él ahora mismo?

—Sí. Él lo niega todo —insistí.

—Estoy cenando, Guillem. Se me acaba de cerrar el estómago —mientras decía eso oí otra voz a través del teléfono que debía de ser la de alguien que cenaba junto a ella, tal vez su marido, que parecía indignado—. ¿Él lo niega? ¿Y qué quieres que te diga yo?

—No, nada, yo creo en tu versión al cien por cien —le mentí—. Pero si existe algo que pudieras decirme... no sé... algo que para él fuera imposible de negar.

Lo que pasaba en realidad es que el aspecto de Mariano —y en especial el de su mujer— me había debilitado y necesitaba recuperar la convicción en lo que estaba haciendo precisamente porque ya no sabía exactamente qué era lo que estaba haciendo allí. Pero aquel, en cualquier caso, era mi problema, no el de Candela.

—Yo ya te he dicho todo lo que tenía que decirte —me recordó.

—Ya, pero es que él lo está negando.

—No tengo nada más que decirte. Yo tengo muy claro lo que pasó.

—Vale. No te preocupes por nada, Candela. Él está lejos, no sabe que estoy hablando contigo. Además, recuerda que nadie sabrá quién eres —intenté tranquilizarla.

—No sé, Guillem. No entiendo qué estás haciendo. Pensaba que tratarías el tema de un modo diferente.

Me dolió que dijera eso. Porque «diferente» en este caso significaba hacerlo bien y, obligatoriamente, que yo lo estaba haciendo mal. Regresé ofuscado al interior del domicilio. Por fortuna, Chusa está hecha de una madera escasa pero muy buscada entre los periodistas, la de las personas que no generan agresividad, y había moldeado la conversación de modo que el ambiente volvía a estar sosegado. Le hice una señal para que entendiera que quería irme. Chusa, tan contrariada como yo, estaba de acuerdo. Nos fuimos, y bajando por el ascensor le conté lo que acababa de suceder con la llamada telefónica a Candela. Cuando salí del elevador no quedaba ni rastro del periodista con ínfulas de justiciero de la niña de 7 años ni tampoco del periodista vanidoso que ansiaba conseguir una segunda confesión que alimentara el revuelo social que estaba consiguiendo la historia de los Maristas.

Repasé mentalmente lo que teníamos sobre Mariano: una denuncia de Candela. Nadie más lo había acusado. En la noticia el exprofesor aparecería identificado solo con las letras iniciales de su nombre y de su apellido. Tampoco se aclararía en qué punto exacto se encontraba su residencia. Las dos medidas lo protegían parcialmente del mundo exterior pero no de su círculo de conocidos, que tardarían segundos en identificarlo. Las consecuencias de publicar la denuncia de Candela eran muy grandes. Y si Candela había sido sincera, era positivo que se supiera qué había hecho Mariano, porque el daño que desencadenaba la noticia era solo una consecuencia no deseada de un bien mayor y necesario. Si por el contrario Candela había mentido, la noticia no servía a ningún bien mayor y, por lo tanto, solo servía para dañar innecesariamente a un hombre inocente.

Minutos después de salir de la casa de Mariano, traté de disculparme por whatsapp con Candela pero no sirvió de nada. Me agradeció la noticia que había escrito sobre su caso —acababa de leerla— y me pidió que, por favor, no volviera a ponerme en contacto con ella. Lo intenté de nuevo transcurridos unos meses, pero su respuesta fue reiterarme la última petición que me había hecho. En el fondo, aunque me duela, la entiendo.

Ese día me acosté muy tarde, sobre las dos de la madrugada. Tuve la certeza de que Mariano también estaría despierto dentro de aquel bloque de viviendas construido cerca de Barcelona y de que Candela tampoco podría encontrar el sueño en su cama. Seguro que para Chusa tampoco resultó fácil dormir aquella noche. Yo no lo conseguí. Mientras me peleaba con el edredón tratando de no despertar a mi mujer, se imprimían a toda velocidad los ejemplares del periódico que incluían la denuncia de Candela. Sobre la visita nocturna de dos reporteros a la casa de dos ancianos, el diario no decía nada.

el Periódico

de Catalunya
PARA GENTE COMPROMETIDA

ma. 9

1,30 €
MARTES 9 DE FEBRERO DEL 2016
CONSELL DE CENT 425-427 BARCELONA. TEL. 93.265.53.53
www.elperiodico.com www.grupozeta.es
DIRECTOR ENRIC HERNÁNDEZ

EL CLIMA DE INCERTIDUMBRE SACUDE LOS MERCADOS | PANORAMA ▶ Páginas 22 y 23

El Ibex se hunde y cae al nivel del año 2013

El temor a la desaceleración global causa fuertes caídas en todas las bolsas europeas

Ibex 35
8.122,1 | -4,44%

La prima de riesgo de España sube a 150 puntos, máximo desde el verano

ESTUPOR EN BARCELONA
Una mujer también denuncia abusos en los Maristas

▶ Un nuevo testimonio inculpa a otro profesor por agresión sexual

▶ El ampa pide explicaciones al colegio por el alud de casos

TEMA DEL DÍA ▶ Páginas 2 a 5

Niños sirios en un paso fronterizo con Turquía. AFP / BULENT KILIC

El nuevo martirio de Alepo

▶ Miles de sirios hacen acopio de comida en la ciudad para resistir al inminente asedio de Asad o huyen hacia Turquía PANORAMA ▶ Páginas 10 a 12

ENVIADO ESPECIAL Javier Triana

LA NEGOCIACIÓN AVANZA
El PSOE propone un programa de izquierdas para gobernar
PANORAMA ▶ Páginas 16 y 17

El Macba abre sus puertas a la cultura punk
PRIMERA FILA ▶ Páginas 46 y 47

NUEVA ETAPA
Rull redobla la presión a Renfe por Rodalies
COSAS DE LA VIDA ▶ Página 28

idealista

6

El Mago Arnold

De todas las víctimas, esta fue la que más difícil me puso las cosas. Tenía mucho que perder porque tenía mucho que contar. Decía ser un exalumno de los Maristas de Sants que había sufrido abusos sexuales por parte de Arnold durante la década de los ochenta. El martes 9 de febrero, mientras en el quiosco se vendían los ejemplares de papel que contenían la historia de Candela sin la versión de Mariano, logré convencerlo de que teníamos que vernos cara a cara. Me citó para comer a las dos del mediodía en un buen restaurante situado lejos de Barcelona.

Arnold era el cuarto docente de los Maristas denunciado hasta la fecha. Ya sabía bastante sobre Arnold porque había hablado con las dos personas que habían presentado denuncias contra él. El primero de ellos, Álex, denunció a Arnold en 1997 y, para mí, se convirtió en un consejero que, desde lejos, nunca dejó de orientarme para que entendiera las complejidades del mundo en el que pretendía entrar. El segundo era Jorge García, que no solo había allanado el camino para Ferran Barnet y para su madre Maria Carme Cisteró, también había vuelto a poner la lupa sobre Arnold después de que la querella de Álex se sobreseyera en 1997. Arnold tenía muchas cosas en común con Joaquim Benítez. Los dos habían pasado toda su vida profesional de enseñantes en los Maristas, eran seglares y eran profesores especialmente queridos entre sus alumnos. Eran demasiado distintos al resto de docentes religiosos para pasar desapercibidos. Si Benítez campó a sus anchas en Les Corts, Arnold lo hizo en Sants.

Frente a la entrada del restaurante acordado, me esperaba un hombre de unos cuarenta años que vestía bien. Al verle, le señalé discretamente con el dedo y él asintió con la cabeza, se acercó y me dio la mano. Pidió una mesa alejada del resto de clientes y quiso encargar la comida antes de que comenzáramos a hablar. Cuando se marchó el camarero lo primero que dijo fue que no iba a decirme ninguna mentira. Pero también que, precisamente por este motivo, tampoco iba a darme ninguna información personal que pudiera significar que lo identificaran. Traté de explicarle que no estaba trabajando así con las víctimas, que ellas me contaban todo lo que yo les preguntaba y confiaban en que yo solo publicaría sus iniciales y los detalles que, como también pedían estas, no implicaran que su entorno pudiera reconocerlas. Me miró y negó con la cabeza. Proteger a sus hijos era lo que más le preocupaba. No pensaba correr ningún riesgo que implicara que de algún modo lo reconocieran.

—Estamos escribiendo la inicial del nombre de cada una de ellas...

—Puedo darte la mía. Es la «J».

Así se convirtió en Jota. Aquello no era una negociación, eran sus condiciones. Las acepté. Él cogió la botella de vino, la abrió y llenó dos copas.

—Arnold era el rey de la escuela. Era el tutor de una de

las tres clases de quinto de EGB. Todos querían ir a su grupo. Era un tío cojonudo. Era inteligente, culto y carismático. Cada año montaba con sus alumnos una obra de teatro. ¿Sabes cuál? *¡Jesucristo Superstar!* ¡En un colegio religioso! ¿Qué clase de profesor monta esta obra en un colegio religioso de principios de los años ochenta?

Lo cierto es que yo no había visto *Jesucristo Superstar* ni tampoco había estudiado nunca en un colegio religioso.

—¿Cuándo entraste en los Maristas de Sants?

Jota se echó hacia atrás hasta ajustar la columna vertebral con el respaldo de la silla.

—A principios de los ochenta, y estudié allí durante toda la EGB. A mis padres les costó mucho inscribirme en este colegio. Para conseguirlo, tuvieron que fingir que nuestra dirección era la de mis abuelos. Con la dirección real no hubiera podido estudiar allí porque me correspondía otra escuela. Para ellos era importante que me educara con los Maristas. En realidad, casi todos los padres querían llevar a sus hijos a los Maristas. El nombre de la institución era tan bueno que cada año tenían más demanda de la que podían absorber. Había hostias para conseguir una de estas plazas. Lo cierto es que la educación que yo recibí era muy buena.

—¿Hasta que te tocó el grupo de Arnold en quinto de EGB?

—No, Arnold nunca fue mi tutor. No tengo forma de demostrarlo pero creo que él se encargó de que yo no estuviera en su clase.

—¿Tanto poder tenía?

—Sí. No tenía familia y no se limitaba a cumplir con su horario sino que se entregaba en cuerpo y alma al colegio, o eso parecía. Montó un aula de informática justo al lado de la escuela y logró equiparla con ordenadores Spectrum y Amstrad a comienzos de los años ochenta. Recibíamos clases de informática gracias a él. La escuela creía que tenía un chollo con Arnold. Por eso no había quien le tosiera. Además, era un hombre lleno de conocimientos que deslumbraban a los críos. Sabía hacer programas de radio y nos hacía estrujar un mapa para simular el ruido de un trueno. Sabía de fotografía y acondicionó la sala de pretecnología para que aprendiéramos a revelar negativos. Sabía cantar, era el mejor imitador que he visto en mi vida de Julio Iglesias. Sabía de magia y nos dejaba alucinados con trucos que, a veces, nos revelaba. Cuando montaba un número, ponía un casete con música de cabaret y una voz que lo presentaba diciendo: «¡Con todos ustedes... la magia... y el ilusionismo... del mago Arnold!» Era un puto crack.

—¿Sedujo tanto a profesores como a alumnos?

—A todos. Sabía cómo hacerlo. En los períodos vacacionales, por ejemplo, cuando montaba campamentos de verano, tenía detalles como el de traer altavoces y luces para organizar bailes, y el día que venía el director del colegio de visita nos reunía a todos poco antes y nos decía «hoy lo quiero todo recogido que viene el director». Con embelecos así buscaba nuestra complicidad. Y funcionaba porque nos hacía creer que estaba más de nuestro lado que del lado del director.

—¿Lo admirabas?

—Era un encantador de serpientes, ejercía un poder muy potente sobre la mente de un niño. Eso le permitía tener siempre a alguno de su elección bajo el control más absoluto. O a más de uno. A estos escogidos, los dominaba por completo porque los agasajaba con privilegios que los hacían sentirse especiales. Te enseñaba a disparar con una escopeta de caza, te llevaba de excursión, en carnaval te dejaba ponerte el mejor disfraz... lo que hiciera falta. Yo fui uno de estos niños durante mucho tiempo. Creo que durante más tiempo que cualquier otro.

Jota no sabía decir por qué Arnold lo eligió ni en qué momento empezó a calcular su captura. Sí recordaba que el profesor se ganó la confianza de su familia, en especial la de su madre. Creo que lo que intentaba decirme es que le parece factible que Arnold sedujera a su madre no porque estuviera interesado en ella sino porque formaba parte de un plan para estrechar el círculo sobre Jota. Se convirtió en una figura adulta cercana y esta familiaridad, conjugada con la admiración que cualquier alumno sentía hacia un profesor que brillaba con una luz inconfundible dentro de la escuela, terminó de cerrar el cerco. Cuando Arnold extendió su ala de dragón para llevárselo, lo primero que Jota sintió fue que era agradable captar la atención de alguien verdaderamente poderoso.

—A mi tía nunca la engañó. Siempre hubo algo de él que la disgustaba.

Pero ella fue la única que desconfió de Arnold. Y, además, su tía nunca supo descifrar qué había detrás del rechazo epidérmico que sentía hacia aquel profesor que se paseaba por la casa de su hermano. Ni tampoco llegó a intuir que lo que había atraído la serpiente hasta aquel nido que no le pertenecía era el apetito por su sobrino.

—Mis padres confiaban en él. Nos dejaban a solas a todas horas. Incluso me llevaba de fin de semana a una casa que tenía cerca del pantano de Sau. Arnold generó todas las oportunidades que le hicieron falta y lo hizo ganándose la amistad de mis padres, que no querían ver nada malo en aquella relación. Ese era el clavo que sellaba mi ataúd, mis padres no solo confiaban en él, también querían verme tan cerca de Arnold porque eso significaba que su hijo encajaba en un colegio de los prestigiosos Maristas.

—¿Qué pasaba cuando os quedabais a solas?

Esta conversación no transcurrió con un guion tan ordenado como el que aparece aquí descrito, o como se publicó en el papel el 10 de febrero. Porque transcurridos más de treinta años, la memoria de Jota no era un lugar fácilmente explorable. Mientras duró la comida, de más de dos horas, fue soltando recuerdos que emanaban como lo hacen los borbotones de agua podrida que salen de un grifo que lleva años sin utilizarse. Asimismo, por difícil de entender que resulte, Jota, la víctima que sufrió los abusos sexuales más humillantes, era también la que menos reparos tenía en hablar de estos. Tan brutales eran que al publicarlos el diario recibió algunas críticas por tratar de un modo «sensacionalista» un tema tan delicado. El debate sobre esta cuestión es demasiado largo. Solo me atrevo a decir que explicar todo lo que sufrió Jota es relevante porque va en la misma dirección de querer subir las persianas, de descorrer las cortinas y de abrir las ventanas. Y de evitar también que las correcciones políticas más hipócritas se conviertan en otra ayuda que reciben los depredadores para evitar que los descubra la luz. Aun así, no todo lo que me contó Jota se publicó. Hubo detalles que era mejor que no salieran.

—Me violó más de cincuenta veces, o más de cien. No soy capaz de contarlas. Escribe que fueron más de cincuenta porque no quiero mentirte y estoy seguro de que si pones esta cifra no exageras la realidad. Pero podrían ser más de cien. Empezó en segundo o en tercero de EGB, cuando tenía 7 u 8 años.

—¿Por qué estás haciendo esto? Quiero decir... ¿Por qué me lo cuentas todo?

—Estaba seguro de que me harías esta pregunta —cogió una servilleta y se secó los labios antes de terminarse de un trago el vino que le quedaba en la copa—. No tengo una respuesta para eso. Supongo que quiero que se sepa.

Arnold empezó a abusar de Jota cuando tenía 8 años. Lo acorraló en los vestuarios de tenis, en la sala de pretecnología y, especialmente, durante los campamentos. Casi siempre le obligaba a practicarle felaciones y terminaba eyaculando sobre Jota. Me contó que Arnold había llegado a descargar dentro de su boca pero que dejó de hacerlo porque en una ocasión Jota se atragantó. A partir de ese día, comenzó a preguntarle directamente a él cuál era la parte del cuerpo sobre la que prefería recoger su semen.

—¿Qué sentías cuando estabas con él?

—Es muy difícil de describir. —Jota se acarició la frente, quizá sorprendido por la pregunta—. Sentí que me había partido en dos mitades. Me sentía importante por recibir los privilegios que me ofrecía, pero también sentía que lo que me pedía a cambio no estaba bien.

Jota me aclaró más tarde que el hecho de que sintiera que todo lo que hacía con Arnold no estaba bien no significa que fuera consciente de por qué estaba mal. No lo entendió hasta los 15 años. Entonces ya se había marchado de Sants y ya había ingresado en Les Corts para estudiar BUP.

—Una duda —le interrumpí—, si fuiste al colegio de Les Corts a comienzos de los noventa, coincidiste con Joaquim Benítez, no?

—Sí. Pero de él no puedo decir nada malo. Jamás me puso la mano encima. A mí me gustaba mucho como profesor.

—¿Fue más o menos entonces cuando entendiste lo que te había hecho Arnold?

—Sí. Fue un descubrimiento que me pilló desprevenido. A finales de los ochenta mi entorno había empezado a hablar mucho de las relaciones homosexuales. Por culpa de canciones como «Mujer contra mujer» de Mecano o películas como *El nombre de la rosa*. También porque el hermano Felip —tras incidentes como el relatado por Ferran Barnet— salió temporalmente de la escuela y se comentaba que había sido por tocar a alumnos. Todo era un poco confuso, pero recuerdo bien que existía una gran aprensión social hacia el sida. Un día, mientras veía por la televisión una noticia que detallaba las vías de contagio de esta enfermedad, reparé en que yo había mantenido durante años relaciones sexuales con un hombre sin ninguna protección. Lo peor no fue el miedo de haber sido infectado con el sida, lo peor fue que finalmente empecé a darme cuenta de que Arnold había estado abusando de mí durante seis años.

—¿Te afectó?

—Mucho. Me bloqueó por completo. Siempre había sacado excelentes y, a partir de entonces, mis resultados académicos se invirtieron y lo suspendí todo. Me costó años rehacerme, pero lo hice.

—¿Crees que te han quedado secuelas?

—Tuve orgasmos antes de que la sexualidad de mi cuerpo se despertara. Eso me hizo daño y me confundió. Las dudas también se extendieron hasta enmarañar mi identidad sexual. El enredo duró mucho tiempo.

Jota también me contó otra cosa, más triste. Me dijo que a lo largo de los años, en ocasiones, se había sorprendido a sí mismo imitando gestos de Arnold mientras hacía el amor con mujeres. Y que, cuando eso ocurría, sentía hacia él un asco infinito. Creo, sin tener ninguna certeza al respecto, que esto último se acerca mucho al corazón del daño que causan algunos abusos sexuales a los menores. Porque la memoria reserva un rincón preferente a todas las primeras veces y eso convierte a los pederastas en figuras eternas para todas sus víctimas. Como la imagen de un padre que se cuela rutinariamente en la mente del hijo cada vez que este se afeita, porque fue él quien le enseñó a hacerlo —al aplicar la espuma, al golpear la cuchilla contra el mármol o al estirar la piel del cuello para no lastimar la nuez—, un adulto que tiene relaciones sexuales con un niño puede sobrevolar el resto de encuentros que este tendrá a lo largo de su vida. En ocasiones será un estorbo pasajero. Pero habrá otras veces que su presencia parecerá tan real como la carne de la persona que abraza. Esto es quizá lo más injusto de todo, que los pederastas pueden olvidarse de sus víctimas pero estas tienen que recordarlos para siempre.

Aquel martes 9 de febrero había quedado con otra víctima de Arnold justo después de la entrevista con Jota. Para encontrarme con Carlos, tuve que conducir en moto hasta el polígono de una ciudad ubicada en el otro extremo de la corona metropolitana de Barcelona. Llevaba una cazadora demasiado ligera pero me vino bien el frío porque, tras dos horas escuchando a Jota, necesitaba despejarme. Al ponerme el casco y arrancar el motor, había notado que un cosquilleo molesto se adueñaba de mis mejillas. Me recordé que había bebido bastante y que llevaba casi cuarenta horas sin dormir. Lo hice para no tener que admitir que me estaban entrando ganas de llorar.

Llegué al bar de Carlos antes que él. Pedí un cortado y me senté en la terraza a esperarlo. Por whatsapp le avisé de que ya estaba allí. Me encendí un cigarro y, antes de apagarlo, vi a un hombre de treinta y tantos años acercarse al bar caminando por la acera, con las manos en los bolsillos de su anorak. Era él.

—Vengo de hablar con un hombre que también ha sufrido los abusos de Arnold —le previne—. Se ha referido a él como «el rey de la escuela» porque dice que era el profesor más querido por los alumnos.

Carlos sonrió. «Es verdad.» Como había hecho con Jota, también le pregunté a él por qué quería hablar conmigo.

—Tengo una hija. Quiero que las cosas cambien porque esto se puede evitar. Tenemos que darles a los pequeños herramientas para que sepan gestionar mejor sus emociones. Tienen que entender que cuando ellos sienten que algo no está bien, muy probablemente no lo esté. Deben confiar en sus sensaciones y, sobre todo, han de saber que pueden pedir ayuda. Ese es el único modo de protegerlos de los pederastas.

—¿Qué te hizo Arnold?

—Fue mi tutor en quinto de EGB. Abusaba de mí durante la hora del recreo. A veces, incluso me sacaba de clase con la excusa de que tenía que echarle una mano con la obra de teatro que estaba preparando para el final del curso.

—¿*Jesucristo Superstar*?

Carlos sonrió por segunda vez.

—Sí, *Jesucristo Superstar*. No era verdad que necesitara mi ayuda, siempre terminaba encerrándome en la sala de pretecnología. Completamente a oscuras, se ponía detrás de mí y me masturbaba. Me preguntaba, susurrándome a la oreja, de qué modo prefería que lo hiciera.

—¿Crees que el colegio sabía lo que te hacía?

La manera que Carlos escogió para responder esta pregunta me dejó aturdido.

—Cuando volvía a entrar en clase después de estar con Arnold frecuentemente me echaba a llorar durante los primeros minutos. Ahora, cuando me acuerdo de eso, de mí siendo un crío llorando en silencio en mi pupitre, me doy cuenta de que algún adulto tuvo que darse cuenta alguna vez. De que es imposible que nadie me viera.

Ni Jota ni Carlos tenían ninguna duda de que el colegio de Sants tenía motivos para sospechar de Arnold. A ninguno de ellos parecía importarle en exceso, sin embargo, si existía o no un pacto de silencio. Porque más allá de si había o no directrices desde arriba, lo que ellos vivieron eran situaciones en las que resultaba imposible que más de un profesor no hubiera decidido mirar para otro lado. Y la realidad es que nadie hizo nada. También coincidían en otra cosa: además de los casos de Álex y Jorge García, y de los que ambos habían vivido en su piel, Arnold tenía que haber dejado más víctimas. Jota y Carlos no coincidían, sin embargo, en la cantidad de rencor que le guardaban al hombre que saqueó su infancia. Carlos no tenía ganas de vengarse de Arnold. «¿Qué haría si él estuviera sentado en esta mesa? No haría nada, este tío es solo un enfermo.» Jota, en cambio, fantaseó durante años con la mejor manera de matarlo. Llegó a planificar más de veinte formas distintas de hacerlo sin dejar ninguna pista.

Regresé finalmente a la redacción poco antes de las siete de la tarde. Luis Mauri llevaba horas llamándome y necesitaba saber si podía contar conmigo para abrir la sección de «Cosas de la vida». Le expliqué el contenido de la comida con Jota y del café con Carlos. Le recordé también que Arnold ya había sido denunciado por dos alumnos —Álex y Jorge García—, pero le subrayé que Carlos no pensaba denunciarlo y que, aunque Jota había ido esa misma tarde a la comisaría de Les Corts para presentar su demanda, aún no tenía ninguna confirmación de que finalmente él sí lo hubiera hecho.

—Confirma que existe la denuncia de Jota.

Jota no me dio su nombre ni tampoco su número de teléfono. Cada vez que me llamaba, lo hacía con la marcación oculta. El único modo de contactar con él era mandarle un correo a una cuenta de gmail que había creado.

A través del mail, le pedí que me llamara enseguida. Lo hizo al cabo de unos 15 minutos. Me explicó que acababa de salir de la comisaría de Les Corts y que allí había hablado con el cabo Pau, el policía que llevaba la investigación de Joaquim Benítez. Me aseguró que había prestado declaración pero que había decidido no presentar la denuncia porque era imprescindible hacerlo con su nombre y apellidos y necesitaba pensárselo mejor. Me preocupó esto último. No porque el diario tuviera reparos en dar voz a dos nuevas víctimas de un profesor que ya acumulaba dos denuncias, sino porque lo que me había contado Jota era demasiado sensible. Me preocupaba publicar su historia, que resultara ser falsa y tener que reconocer ante mis jefes que todo lo que sabía de él era una letra.

—No es que no quiera creerte —le remarqué a Jota—. Quiero creerte porque la información que me has dado es importante. Pero necesitamos confirmar de algún modo que no nos has engañado. Sin denuncia, ¿cómo sé que has estado en la comisaría?

—¿Qué necesitas para contrastarlo? Lo que sea. El cabo Pau me ha dado su número de teléfono esta tarde, puedo facilitártelo. Pregúntaselo a él directamente.

Al cabo Pau no le gustó que le llamara. No obstante, al hacerlo comprobé que Jota tenía el teléfono del investigador principal del Caso Maristas. ¿De qué modo lo habría conseguido? Lo lógico era que el propio policía, tal como decía Jota, se lo hubiera dado por la tarde. El cabo me recordó que no podía darme información sobre una investigación en marcha. Pero tampoco me negó que una víctima de Arnold había acudido aquella misma tarde a la comisaría de Les Corts. No era poco. Tampoco era definitivo.

Aparecieron de nuevo las dudas que me habían asaltado en casa de Mariano hacía 24 horas. Aunque por razones nuevas. Sobre Arnold pesaban cuatro acusaciones que coincidían al describir la manera de proceder del agresor. Cuatro víctimas que no se conocían entre ellas porque tenían edades distintas. El dilema era Jota. No confiaba en mí lo bastante para darme su nombre, pero yo sí tenía que hacerlo en él y publicar su historia en el diario. Por otro lado, la entrevista era demasiado potente para aparcarla sin más. ¿En el sexto día del Caso Maristas podía haber atraído a impostores como Enric Marco (que se coló entre los supervivientes del Holocausto) o como Tania Head (entre los del 11-S de Nueva York)? Hacía poco que había leído *El impostor*, el valiente libro que Javier Cercas había publicado sobre el hombre que inventó su paso por un campo de concentración nazi. En este, Marco hacía todo lo posible para que el escritor no encontrara las líneas que separaban la ficción de la realidad. Jota no parecía ningún impostor. Pero supongo que si los impostores lo parecieran no llegarían demasiado lejos. Además, a diferencia de Marco o Head, era imposible que a Jota le moviera ninguna sed de protagonismo cuando lo que más deseaba era permanecer oculto.

Llamé a Álex, el primer denunciante de Arnold, para pedirle ayuda. Me fiaba de él. Le expliqué que había conocido a un hombre que se identificaba tan solo con la letra inicial de su nombre. Le especifiqué que por edad era probable que hubieran coincidido en los Maristas, aunque no en el mismo curso. Álex se ofreció enseguida a echar un cable. Propuso que yo le pasara a Jota su teléfono por correo proponiéndole a este segundo que lo llamara. Así lo hicimos. A las siete y media de la tarde Mauri seguía con las dos páginas de la apertura de la sección vacías. Al cabo de media hora, Álex me llamó.

—Todo lo que te cuenta Jota es verdad —me aseguró—.

Me acuerdo de él, sé quién es. Lo he ubicado en cuanto me ha explicado qué disfraz le dejó Arnold durante un campamento. En realidad, siempre había pensado que el chico que estaba dentro de aquel disfraz tenía que haber conocido al mismo Arnold que yo. Tienes que confiar en Jota. Tienes que publicar su historia.

—Yo quiero publicarla. Normalmente cuando das voz a alguien te limitas a poner lo que dice. Pero el problema es que ahora yo pondré lo que dice alguien que no sé quién es.

—Tienes que entenderlo, quiere estar seguro de que seguirá siendo anónimo cuando esto termine.

Le expliqué a Mauri lo que ocurría. Me escuchó y me respondió contándome algo que le pasó cuando trabajaba en un caso para *El País* —hacía más de veinte años— que se alargó durante varios días. «Lo estaba llevando bien pero, al final, me precipité y cometí un error.» No me aclaró ni el caso ni el error. Sí lo que su jefe le dijo aquel día. «Este error de hoy ha hecho que todos los aciertos anteriores desaparezcan.»

—Tenemos que estar seguros —zanjó.

No lo estaba. Le mandé un correo a Jota para pedirle que me llamara de nuevo.

—No sé si lo publicaremos —le dije—. Tal vez lo más sensato sería esperar a que presentes la denuncia.

—Vale.

—¿La presentarás mañana?

—No lo sé.

—Avísame cuando la presentes. O avísame si se te ocurre algún otro modo de contrastarlo.

Se quedó pensativo un rato y, a continuación, se le ocurrió que tal vez quedaba algo por hacer.

—Habla con Álex, pregúntale si Arnold tiene una mancha en la ingle, junto a los genitales. Era muy peludo, su pecho estaba tan poblado como tu barba, pero tenía una mancha extraña en la ingle. Si Álex te dice que la ha visto, eso significará que ambos lo hemos visto desnudo. ¿Eso es algo, no?

—De acuerdo.

Llamé a Álex.

—¿Una mancha? —preguntó extrañado.

—Sí, una mancha, ¿Arnold tiene alguna mancha en su cuerpo?

—Sí, tenía una. Cerca de la ingle.

Otro indicio más. Y las dudas seguían ahí. Me rendí y me puse a escribir las dos entrevistas —la de Jota y la de Carlos— y se las pasé a Mauri, que terminó de editarlas con el tiempo justo. «Esto es tremendo», me dijo señalando su pantalla. Quería publicarlo. Yo también.

el Periódico

de Catalunya · PARA GENTE COMPROMETIDA

mi. 10

1,30 € · MIÉRCOLES 10 DE FEBRERO DE 2016 · CONSELL DE CENT 425-427 BARCELONA. TEL. 93.265.53.53 · www.elperiodico.com www.grupozeta.es · DIRECTOR ENRIC HERNÁNDEZ

100.000 USUARIOS ATRAPADOS EN HORA PUNTA · TEMA DEL DÍA ▸ Páginas 2 a 5 y editorial

Hartos de esperar

Un incendio en una estación abandonada paraliza Rodalies y pone en evidencia a Renfe y Adif

REPORTAJE
Fantasmas bajo tierra

La Generalitat aprovecha el incidente para reclamar la gestión integral del servicio

AFP / JAUME REINA
La Infanta Cristina y su esposo, a la salida de la sesión del juicio, ayer.

El Ibex baja de los 8.000 puntos por el miedo a la recesión
PANORAMA ▸ Páginas 24 y 25
Una mujer disgustada en la bolsa de Fráncfort.

Wéstern
El género que nunca muere
PRIMERA FILA ▸ Págs. 52 y 53

Acusados por un arrepentido
▸ Ballester declara que tenía orden de Matas de contratar a la empresa de Urdangarin PANORAMA ▸ Págs. 18 y 19

NUEVO TESTIMONIO CONTRA EL MAESTRO A. F.
«Un profesor me violó durante seis años en los Maristas de Sants-Les Corts»
COSAS DE LA VIDA ▸ Páginas 30 a 32

El juez investiga a un monitor detenido por los Mossos hace un mes

TRATAMIENTO DE ONDAS
Para los Problemas de Erección
"ES RÁPIDO, SEGURO Y EFECTIVO"
LLAMA YA 902 907 681
Entra en WWW.BOSTON.ES
Sexo es vida

7

Las tres preguntas

Tras la primera semana había tres preguntas sobre el caso Benítez que flotaban —ingrávidas— sobre la poderosa institución educativa, que guardaba silencio. La primera de las tres era por qué hizo falta esperar cuatro años y medio para que aflorara la verdad sobre Joaquim Benítez si, como aseguraron los propios Maristas en el comunicado que habían enviado a los medios informativos el día anterior (4 de febrero de 2016), el profesor admitió haber abusado de uno de sus alumnos en junio de 2011. La segunda pregunta era por qué Benítez había podido desaparecer sin dar explicaciones a ninguna autoridad si la Fiscalía de Menores tuvo conocimiento de este delito sexual gracias a la denuncia presentada por los propios Maristas. La tercera pregunta es por qué cuando los Maristas supieron por Manuel Barbero que existía una segunda víctima de Benítez, en diciembre de 2013, no hicieron nada.

Para tratar de hallar respuestas a esas tres preguntas tocaría regresar al colegio de Sants-Les Corts y refrescar lo que pasó allí el 7 de junio de 2011. Ese día, se presentó en el colegio el padre de un alumno de tercero de ESO. Visiblemente afectado, exigió reunirse con el director del centro pero lo atendió la jefa de estudios porque este se encontraba fuera, de viaje. A ella le explicó que su hijo de 13 años había vuelto del «cole» asegurando que su profesor de educación física —Joaquim Benítez— le había tocado «los genitales» y se había «masturbado delante de él». La jefa de estudios llamó a Benítez. Delante del padre, le preguntó si era cierto. Lo que pasó a continuación —según le hizo saber este padre a Manuel Barbero, con quien quedaron para tomar un café mucho tiempo después— fue que Benítez se derrumbó, se echó a llorar y reconoció los hechos. El padre, al escuchar a Benítez, quiso «matarlo». Pero también, al verlo llorar, sintió otra cosa: «pena». Esta escena es imprescindible para entender la historia, porque se contó solo parcialmente. En la declaración que el vicario provincial, Pere F., hizo a la Fiscalía de Menores una semana después se recoge que este directivo trasladó el contenido íntegro de las acusaciones del padre contra Benítez. Pero no dijo nada más. Omitió que tales acusaciones habían sido contrastadas directamente con el propio Benítez. Los padres de los alumnos escolarizados en el centro supieron todavía menos. Porque ellos nunca fueron informados de aquel incidente, ni de las acusaciones ni mucho menos de la confesión. Tampoco los menores, que se creyeron lo que Benítez les contó sobre su partida, la entelequia de proyectar el *shoot-ball* a escala internacional. Así se responde a la primera pregunta y se comprende por qué el profesor Benítez se marchó del colegio sin que se supiera que había abusado de uno de sus alumnos. La dirección del colegio y la cúpula de los Maristas, que por primera vez a lo largo de su historia habían actuado poniendo ante la ley a uno de sus profesores acusado de pederastia, optaron por tapar la confesión.

Se empieza asimismo a responder también a la segunda. Tras tomar la declaración del vicario Pere F. en la Fiscalía de Menores, este órgano la derivó a donde le correspondía, un juzgado de guardia. Cayó en el de instrucción número 9 de Barcelona, que abrió diligencias en otoño de 2011 y ordenó a los Mossos d'Esquadra que comenzaran una investigación. Concretamente el mandato se posó sobre la mesa de un policía que llevaba menos de un año al frente del Grupo de Personas de la Unidad de Investigación de la comisaría del distrito de Les Corts, el cabo Pau. El agente abrió la carpeta y, por primera vez, leyó un nombre —«Joaquim Benítez»— que terminaría escuchando muchas veces en el futuro. Pau llamó a los padres del chico que habían delatado a Benítez en junio (de eso hacía cuatro meses) para explicarles que antes de emprender las pesquisas necesitaba que ellos denunciaran formalmente los hechos. Los padres acudieron a la comisaría y hablaron con el cabo. Pero no quisieron presentar ninguna denuncia contra Beni.

—¿Por qué no? —quise saber, tiempo después, cuando pude reunirme con el cabo.

—Sentían que más que ayudar a su hijo, presentando la denuncia terminarían perjudicándolo.

—¿No trataste de convencerlos?

—No podía, estoy obligado a ser completamente sincero. Tampoco hubiera servido de nada que la presentaran sin que ellos, y sobre todo su hijo, estuvieran del todo convencidos. Tenían que estarlo porque es complicado. No es lo mismo decir en casa que has sufrido abusos sexuales que declararlo ante la policía o en un juicio público.

Los padres se marcharon, y el cabo, antes de informar al juez sobre la decisión que habían tomado, se dirigió al colegio para pedirle al director que le facilitara el nombre completo de Joaquim Benítez —le faltaba el segundo apellido— y su dirección actual. Inesperadamente, el director se negó a darle esa información al policía. En un comunicado enviado a los medios de comunicación cuando estos difundieron el episodio (el 12 de febrero), los Maristas desmintieron esta versión de los Mossos y arguyeron que no dieron la información solicitada sencillamente porque «no la tenían». El cabo Pau tuvo que comunicar al juzgado ambas cosas: que no habría denuncia de los padres y que no disponía del nombre completo del sospechoso ni de su actual paradero. Al juez le preocupó sobre todo lo primero, porque el Código Penal solo permite juzgar los delitos sexuales que son denunciados por las víctimas. Sin embargo, en este caso, al tratarse de alguien todavía menor de edad (13 años), la fiscalía hubiera podido acusar en solitario. No lo hizo. Los Maristas también hubieran podido personarse contra Benítez. Tampoco lo hicieron. El magistrado, al constatar que no había nadie que persiguiera al profesor de gimnasia, decretó el archivo de la causa.

—¿Por qué crees que los Maristas ocultaron la confesión? —le pregunté al cabo Pau.

El mosso me miró y sonrió con un gesto que me pareció de cansancio.

—No puedo responderte a eso.

Esto es lo más cerca que llegué de hallar una respuesta para la segunda pregunta. Benítez siguió en libertad porque su causa se cerró sin que él llegase a enterarse de que se había abierto. Por eso había recibido a Chusa y a Josep García, cuando se presentaron en su domicilio tras cuatro años y medio de silencio, con aquella sorprendente afirmación: «Pensaba que vendrían antes.»

Relatos de lo ocurrido al margen, las autoridades judiciales y los Mossos d'Esquadra, al archivar la causa contra Benítez, creían que estaban dando carpetazo a un sospechoso cuando lo que hicieron en realidad fue dejar que escapara un pederasta confeso. Ni el Departament d'Ensenyament ni la Direcció General d'Atenció a la Infància i a l'Adolescència (DGAIA) se enteraron tampoco. Los Maristas al final habían resultado ser los únicos que habían denunciado a Benítez. Esto último es verdad, debe constar en acta. Pero también lo es que no solo taparon que había confesado, también eligieron no comunicar a la Generalitat de Catalunya que había salido de su escuela un profesor pederasta que podía reinsertarse en cualquier otro colegio. Más tarde alegaron que en 2011 no conocían el contenido del protocolo sobre abusos sexuales vigente (desde 2006) porque, según dijeron, las escuelas concertadas (las suyas lo son) a diferencia de las públicas «no estaban obligadas a cumplirlo». Sin embargo, un fragmento de este texto deja claro que «todas las personas o instituciones tienen la obligación de comunicar a las autoridades competentes aquellas situaciones que comporten un riesgo para el menor». Es decir, la normativa estaba ahí para que todas las escuelas la respetaran, pero la ley no exigía específicamente a los Maristas que la cumplieran. El matiz es importante porque hasta la fecha ha librado a la orden de cualquier sanción a pesar de la gravedad del asunto. Benítez, desde su partida en junio de 2011, estuvo cuatro años y medio desaparecido y nadie evitó que siguiera en contacto con menores. No era un riesgo despreciable porque, aunque Benítez no se reinsertó en otro colegio, a lo largo de ese tiempo encontró la manera de seguir haciendo lo que había hecho toda la vida: trabajar con niños.

Queda por resolver la tercera pregunta: ¿Por qué no hicieron nada cuando Manuel Barbero les explicó que Eric, su hijo, era otra víctima de Benítez, el 30 de diciembre de 2013? Ese año sí estaban obligados por ley a cumplir con el protocolo que estipula que deberían haber informado a Ensenyament y a la DGAIA. Pero los Maristas se escudaron en dos hechos: Eric ya era mayor de edad y Benítez ya no trabajaba en su escuela. Ambas circunstancias les liberaban del deber de hacer algo.

El Consorci d'Educació de Barcelona, que agrupa al Departament d'Ensenyament y al Ayuntamiento de la capital catalana, encargó un informe a sus inspectores sobre este inmovilismo, a petición de Manuel Barbero. La conclusión de estos inspectores es que los Maristas «actuaron bien». Sin embargo, que nuevamente hubieran encontrado huecos en la normativa existente servía para ahorrarles el castigo, pero no para responder a la tercera pregunta. Aquí se abre una fractura definitiva entre lo legal y lo correcto. Porque lo que supieron ellos en 2013 gracias a Manuel Barbero es que un profesor que habían tenido en nómina durante treinta años había abusado sexualmente de al menos dos de sus alumnos. La lógica decía ya entonces algo evidente: el de 2011 no era un incidente aislado y eso confirmaba que era peligroso que Benítez siguiera en libertad y sin ninguna medida preventiva. Por supuesto que Manuel y Eric tenían que presentar una denuncia para, por fin, comenzar a perseguir judicialmente al profesor. Pero no resulta osado afirmar que cabía esperar más de una institución educativa como los Maristas. Sin ir más lejos, podían haber cogido el teléfono y llamar a los Mossos d'Esquadra para avisarles de que urgía vigilar de cerca a Benítez. O contactar con la Generalitat para saber si había vuelto a trabajar de docente. O podían haber enmendado el error cometido en 2011 y enviar una circular a los padres de todos los alumnos que habían pasado por las manos de este docente. Tal vez hubiera más familias atravesando una situación tan angustiosa como la que vivió la familia de Manuel hasta que

Eric encontró el valor de pedir ayuda por whatsapp. La respuesta a esta tercera pregunta es que no hicieron nada porque legalmente podían cruzarse de brazos. Y eso hicieron.

El 10 de febrero, tras seis días de recogimiento, la organización finalmente se asomó al exterior. La delegación integrada por el director de la Fundación Champagnat, Gabriel V., el vicario provincial del Hermitage, Pere F., y el director vigente del colegio Sants-Les Corts, Raimon N., fue la escogida para dar la cara públicamente. Los tres comparecieron en un programa de televisión y en uno de radio. El primero al que acudieron fue «8 al dia», presentado por Josep Cuní a última hora de la tarde. El segundo fue «Els Matins de Catalunya Ràdio», a primera hora de la mañana del 11 de febrero. En televisión, Gabriel V. aseguró sentirse «dolido» porque reconoció que «alguna cosa» hubieran podido hacer «mejor» en «todos estos casos». El vicario Pere F., por su parte, afirmó que los Maristas «agradecían» que aparecieran nuevos casos de abusos producidos dentro de sus colegios porque eso les permitía conocer «el alcance real» de los mismos. Ambas reflexiones, la asunción de errores, por una parte, y la voluntad de ser transparentes, por la otra, eran, a todas luces, las más deseables para todos. Posiblemente lo primero era sincero. Lo segundo resulta más difícil de creer.

Al día siguiente, cuando la misma comitiva formada por los tres —con un aspecto que ya denotaba el cansancio y la terrible presión a la que estaban sometidos— participó en «El Matí de Catalunya Ràdio», Gabriel V. reveló algo interesante: la dirección de Sants-Les Corts sí informó al claustro de profesores del centro sobre el caso de Benítez en junio de 2011. La periodista Mònica Terribas quiso saber entonces por qué, después de haber sido sinceros con los enseñantes, habían optado por no desmentir la carta falsa de Benítez dirigida a los alumnos, por qué se lo habían ocultado también a sus padres y por qué no se habían dedicado a comprobar si había más víctimas. Este es el extracto de una parte del diálogo:

GABRIEL V.: Cuando comunicamos a los profesores lo que había pasado, la consternación fue total. Hay profesores que habían tenido hijos que fueron alumnos del señor Benítez. Se ha dicho en algún momento que nosotros lo sabíamos y hemos querido esconderlo. No teníamos ninguna constancia. Hasta que la familia de 2011 nos lo comunica.

TERRIBAS: ¿Por qué no buscaron si había más víctimas de Benítez en 2011?

GABRIEL V.: Está clarísimo que el primer interés tanto de la institución como de la escuela es tratar de detectar si ha pasado alguna cosa más. Y esto se consigue a través del trabajo cotidiano de acompañamiento de los alumnos, de las tutorías y de las charlas en la clase... y todo esto se ha hecho.

TERRIBAS: Es decir, ¿los alumnos de Sants-Les Corts fueron informados en las tutorías de que Benítez había dejado la escuela por un caso de abusos sexuales? ¿Sí o no?

GABRIEL V.: Nosotros lo que no podemos hacer es acusar a alguien que aún no ha sido condenado. Usted estará de acuerdo en esto, supongo. Quien puede dictar una sentencia no es la escuela. Nosotros somos educadores, no somos ni policías ni jueces.

TERRIBAS: Pero Benítez ya había confesado...

GABRIEL V.: Su confesión nos permitió confirmar la consistencia de las acusaciones, asumir responsabilidades y presentarnos ante la justicia.

Gabriel V. esquivó reconocer que nunca informaron ni a los niños ni a los padres. Trató de que se sobreentendiera que sí lo hicieron aludiendo a las tutorías que se hacían en el colegio. Por provechosas y oportunas que estas fueran, el hecho de que se realizaran tenía más que ver con la necesidad de proteger a los alumnos de la pederastia de ahora en adelante, que con la de encontrar a más víctimas de Benítez. Las hubieran encontrado. A Manuel Barbero le bastaron unos carteles para localizar a un buen puñado de ellas.

En esta misma entrevista del 11 de febrero, el vicario Pere F. tuvo otra intervención desconcertante. Le remarcó a Terribas que aquel 7 de junio de 2011, cuando Benítez confesó los abusos, quien estaba a cargo del colegio era la jefa de estudios debido a que el director se encontraba «fuera». Lo que esta directiva decidió, y esto es algo que Pere F. quiso dejar bien claro en antena, fue prohibir a Benítez que regresara a la escuela hasta que volviese el director, dos días más tarde. El viernes 10 de junio, el director citó a Benítez fuera del horario lectivo, con el recinto escolar vacío, para comunicarle que tenía que marcharse. Nunca existió, subraya Pere F., «ningún contacto» entre Benítez y los estudiantes de Sants-Les Corts a partir del instante en que el primero admitió los abusos. La medida que tomó la jefa de estudios era impecable y, se desprende de las palabras de Pere F., que también necesaria. Por eso resulta desconcertante. El mismo depredador sexual que convenía alejar inmediatamente de los alumnos de Sants-Les Corts siguió en contacto con menores durante cuatro años y medio, trabajando de socorrista en piscinas municipales y de monitor para casales de verano frecuentados por adolescentes. Si los Maristas lo consideraban una amenaza para los suyos ¿por qué se despreocuparon de los que no eran suyos?

Con su silencio vendieron a las empresas de Girona, que lo terminaron contratando. Desde el 4 de junio de 2014 al 9 de septiembre de 2014, fue el socorrista de la piscina de Espolla (Alt Empordà). Entre el 9 de marzo de 2015 y el 12 de junio de 2015, fue monitor de natación y socorrista en una piscina de Figueres. Entre el 13 de junio de 2015 y el 11 de septiembre de 2015, fue socorrista nuevamente de la piscina de Espolla. Paralelamente, ese último verano, entre el 27 de julio y el 28 de agosto, fue además monitor del casal deportivo de una actividad bautizada como «Esportiueig», dirigida a adolescentes de entre 12 y 17 años que acudían de los municipios de Espolla, Sant Climent Sescebes y Capmany. Benítez estuvo contratado por dos empresas distintas: el Consell Esportiu de l'Alt Empordà y por Serveis Recreatius Culturals i Esportius de Peralada S.A. A través del primero consiguió los puestos de monitor y socorrista, que le mantenían en contacto con niños. A través del segundo, lo que hizo casi siempre fue trabajar esporádicamente en el Cafè del Centre de Peralada, un bar en el que acostumbraban contratarle como ayudante de camarero en celebraciones para jubilados. Benítez, durante las entrevistas de trabajo que superó, únicamente explicó que había abandonado su puesto de profesor en un colegio de Barcelona «para cuidar de su hermano que padecía una discapacidad intelectual». El sábado 6 de febrero por la mañana en Espolla se convocó una reunión de urgencia entre los representantes de todos los municipios por los que había pasado el pederasta. Àlex Terés, gerente del Consell Esportiu de l'Alt Empordà, no salía de su asombro: «Su currículo era impecable y en ningún momento se nos informó de los hechos que había cometido ese monstruo.»

El resumen de la gestión que hicieron los Maristas del

caso Benítez está incompleto si no se pone en contexto. Porque Joaquim Benítez no es el primer profesor de los Maristas denunciado por abusos sexuales. La hermandad religiosa sufrió otra crisis por culpa de las acusaciones de pederastia que se vertieron sobre otro de sus colegios, el de Badalona. El precedente de Lucio Zudaire. Una crisis institucional que desató un niño dormido.

1,30 € JUEVES 11 DE FEBRERO DEL 2016 | CONSELL DE CENT 425-427 BARCELONA, TEL. 93.265.53.53 | www.elperiodico.com www.grupozeta.es | DIRECTOR ENRIC HERNÀNDEZ

el Periódico
de Catalunya
PARA GENTE COMPROMETIDA

ju. **11**

AGUSTÍN CATALÁN

EN LA AUDIENCIA NACIONAL

Pujol sigue sin probar el origen de la fortuna

► El 'expresident' insiste en desmarcarse de los negocios del resto del clan

TEMA DEL DÍA ► Páginas 2 a 4 y editorial

Pujol y Ferrusola acudieron ayer a declarar a la Audiencia Nacional.

RAJOY SE REÚNE HOY FINALMENTE CON RIVERA

PANORAMA ► Páginas 20 y 21

Sindicatos y patronal, partidarios del pacto

Sánchez recibe el aval de CCOO y UGT al acuerdo amplio con Podemos y Ciudadanos

La CEOE considera que la prioridad es no repetir elecciones y pide claridad en economía

El colegio de los Maristas incumplió el protocolo contra abusos

► La escuela no comunicó a la Generalitat la expulsión de Benítez tras la denuncia

COSAS DE LA VIDA ► Páginas 34 y 35

FERRAN SENDRA

El baile vuelve a La Paloma

► La sala barcelonesa prevé abrir en cinco meses, tras 9 años de forzoso silencio COSAS DE LA VIDA ► Página 39

Una médico denuncia: «Vivía de hacer guardias en la uci a 7 euros la hora»

COSAS DE LA VIDA ► Páginas 32 y 33

Un Barça de suplentes bate en Valencia el récord de partidos sin perder (1-1)

PRIMERA FILA ► Páginas 48 y 49

8

El precedente de Badalona

Marc había estudiado en el colegio marista Champagnat de Badalona y a finales de diciembre de 2009 tenía 38 años. Un día de aquel mes, a última hora de la tarde, se quedó absorto contemplando la figura de un niño que dormía plácidamente. La imagen del pequeño lo había cautivado porque le obligó a preguntarse algo angustioso: ¿Por qué él no tenía de sí mismo ningún recuerdo parecido? No tenía memoria de esa edad, ni tampoco de cuando era más pequeño ni más mayor. El vacío lo sobrecogió. Con el paso de los días empezó a ser consciente de por qué no recordaba casi nada de su infancia. Se debía al hecho de que se había pasado mucho tiempo tratando de olvidarla.

El episodio lo contó el propio Marc el 5 de mayo de 2011 en una entrevista concedida al programa «Els Matins» de TV3, que todavía presentaba Josep Cuní. El hombre explicaba que de este modo empezó a darse la oportunidad de aceptar todo lo que le había hecho el hermano marista Lucio Zudaire a finales de la década de los setenta y a comienzos de la de los ochenta. Hasta entonces, nadie había hablado públicamente de abusos sexuales en los Maristas con tanta contundencia.

Marc, tras ser arrollado por el verdadero motivo que le había robado la niñez, se hundió. Les detalló por primera vez a sus familiares lo que le había tocado vivir en la escuela de Badalona. Le pareció que estos llevaban mucho tiempo esperando una información como aquella para explicarse a qué se debió el brusco cambio que sufrió Marc de niño. Porque Marc era un niño cariñoso y divertido, y también un buen estudiante, hasta que «se rompió todo». De golpe, dejó de ser el que era para encerrarse en sí mismo y entrar en un tiempo largo de «mucho silencio», porque no era capaz de «convivir» con lo que le había hecho el profesor Zudaire, ni siquiera de hablar sobre ello.

Tuvo problemas con las drogas y con el alcohol porque cada vez que aparecían imágenes de los abusos que padeció tenía que taparlas. Necesitaba esconderlo todo «en algún rincón del cerebro», no quería creer que eran reales. La negativa a aceptarlo le llevó incluso a terminar con su matrimonio cuando se enteró de que su mujer también había sufrido abusos sexuales siendo una niña. Cuando se separaron, él aun no había admitido que había vivido exactamente lo mismo que acababa de confesarle su esposa pocos meses después de que se casaran.

El carácter le cambió porque no podía dejar de sospechar de cualquier caricia y porque, en general, tenía mucha dificultad en confiar en el resto de personas. «No tengo amigos», aseveró. Marc intentó suicidarse en dos ocasiones, cortándose las venas y con pastillas.

Por culpa de aquel chiquillo que dormía, o mejor dicho, gracias a él, tras toda una vida empeñado en olvidar, comenzó a poner el empeño en recordar. Pero las lagunas eran inmensas y no era capaz ni de discernir los sitios exactos en los que sucedieron los abusos del hermano Zudaire, ni de enumerar las veces que los sufrió ni de averiguar cuándo empezaron. El director de los Maristas de Badalona en enero de 2010 era el mismo que dirigía el centro cuando tuvieron lugar los delitos de Zudaire. Marc le pidió su expediente académico y comprobó que en segundo, tercero y cuarto de EGB sus notas eran inmejorables. En quinto, no obstante, suspendió cuatro asignaturas. Y ocho en sexto. Zudaire era profesor de ciencias naturales. Marc asociaba todos los abusos al olor intenso de un producto químico, posiblemente «cloroformo», habitual en laboratorios como el que tenía la escuela y al que tenía libre acceso un profesor de ciencias naturales. Necesitaba saberlo todo. Pero la escuela, tras facilitarle el expediente académico, comenzó a ponerle obstáculos para que no encontrara el camino de regreso a su infancia, por miedo a lo que podría descubrir.

Aquel director sí se esforzó más en subrayarle a Marc que él jamás tuvo conocimiento alguno de que Zudaire abusaba de él. Sin embargo, en dos visitas distintas y casi consecutivas, le reconoció dos cosas turbadoras. La primera es que Zudaire fue enviado a una casa de colonias que la institución religiosa tenía en Planoles (Girona) —más o menos cuando Marc empezó a empeorar el rendimiento académico— porque hubo familias que denunciaron a la dirección del centro los abusos de este hermano religioso. La segunda es que estas quejas fueron elevadas a quien era vicario provincial de la orden a comienzos de los ochenta, Benito A. Este dirigente marista tomó la decisión de sacarlo de Badalona y mandarlo al albergue de Planoles. Benito A. en 1993 fue nombrado Superior General de los Hermanos Maristas. «El máximo responsable de la hermandad estaba al corriente de lo que había pasado con Zudaire», evidenció Marc durante la entrevista televisiva.

Marc necesitaba verse cara a cara con Zudaire para seguir tirando del hilo. Cogió el coche y condujo hasta Planoles. Pero le resultó imposible llegar hasta allí porque ese día cayó sobre Catalunya la gran nevada del 8 de marzo de 2010 que congeló casi todas las comarcas gerundenses. Tuvo que dar media vuelta. Después de que un temporal frustrara aquel intento, por temas laborales se marchó al extranjero durante meses y al regresar le avisaron de que Zudaire ya no se encontraba en el albergue de Planoles. Marc presentó una denuncia contra su antiguo profesor. El 13 de abril de 2010 el juzgado de instrucción número 1 de Badalona le notificaba que consideraba «extinguida la responsabilidad criminal de Lucio Z. E. por prescripción del delito objeto de las presentes actuaciones». Es decir, la ley no le dejó sentar en el banquillo al pederasta porque cuando su mente fue consciente de lo que había sufrido, ya era demasiado tarde.

Durante la primavera de 2011, Marc recibió otra noticia que colmó su paciencia: Zudaire había regresado —si alguna vez había sido cierto que había partido— al albergue de Planoles, donde continuaba en contacto con menores escolarizados de los Maristas. Decidió actuar y, junto a otra víctima, se dirigió hasta aquella casa de Planoles para encontrarse finalmente cara a cara con Zudaire. El profesor reconoció los hechos. Marc lo grabó todo con una cámara oculta y estas imágenes se emitieron en el programa «Diario De», de la cadena Cuatro, presentado por Mercedes Milà.

Marc tampoco se detuvo aquí. Después de publicar su experiencia en un foro sobre abusos sexuales a menores, contactó con otra víctima de Lucio. Poco a poco, aparecieron más. Entre los denunciantes había un hombre que aseguraba haber sido atacado por Zudaire en el albergue de Planoles, el lugar al que había sido enviado desde Badalona precisamente por haber abusado de alumnos a comienzos de los años ochenta. De hecho, por aquella casa de colonias, en la que según la orden Zudaire desempeñaba funciones «de logística», habían pasado miles de niños en los últimos treinta años. Miles de niños. Empezaron a movilizarse frente a la puerta del colegio para reclamar cambios en el Código Penal que evitaran que los delitos de abusos sexuales cometidos contra menores prescribieran. La vindicación la argumentaba el propio Marc en una entrevista concedida para un informativo de TV3 el 28 de abril de 2011 en la que se preguntaba algo salvajemente injusto: «La ley dice que los delitos han prescrito. Pero ¿cuando prescriben nuestras carencias, nuestro dolor, nuestro miedo o nuestra vergüenza?»

En esta noticia la redactora de la cadena catalana deja dicho que la dirección del colegio no quiso entonces hacer ninguna declaración. Por esta razón recuperaba el comunicado que el director del centro de Badalona, Rogelio G., envió a todos los padres con alumnos escolarizados en ese centro, después de que se emitiera por Cuatro la confesión de Zudaire.

En relación a la información aparecida en un medio de comunicación, queremos hacer las siguientes manifestaciones:

1. Nuestra institución lamenta todo el daño y lamenta el dolor que se haya podido causar a los niños que aparecen como víctimas en este programa y quiere mostrarles su solidaridad incondicional.
2. El hermano Lucio ha sido apartado inmediatamente de sus anteriores ocupaciones una vez que la institución ha conocido los hechos, aunque estos tuvieron lugar hace más de treinta años.

3. Desde su fundación, el Instituto Hermanos Maristas tiene como finalidad irrenunciable la formación de niños con pleno respeto a su integridad física y moral. Siguiendo un protocolo establecido por el instituto a escala internacional, nuestra provincia ha nombrado un «delegado provincial para la protección de la infancia», con la finalidad de velar para que el ideario de los Hermanos Maristas sea seguido y respetado escrupulosamente.

Este comunicado, firmado por la provincia del Hermitage —a la cual pertenecen todos los colegios maristas catalanes— es incompatible con la versión de Marc. Dice que Zudaire ha sido apartado del albergue de Planoles en cuanto la institución ha conocido los hechos (a raíz de la emisión del programa de televisión). Pero Marc se había reunido con el director del colegio de Badalona en enero de 2010 para hacerle saber su experiencia con Zudaire. Durante esta reunión, el propio director le había reconocido a Marc que Zudaire fue desterrado de Badalona a comienzos de los ochenta precisamente porque hubo familias que denunciaron abusos a otros alumnos y que había sido el entonces vicario provincial del Hermitage, Benito A., quien había tomado la decisión. Los Maristas sabían que Zudaire abusaba de menores y lo dejaron treinta años a cargo de un albergue en el que seguía en contacto con niños. No podían afirmar —tal como hicieron— que el hermano Lucio fue «apartado inmediatamente» de sus anteriores ocupaciones una vez que la institución «conoció los hechos». La redactora de TV3 cerraba esta noticia con la declaración de otra víctima, Marcel. Este último se mostraba indignado ante el hecho de que Zudaire se mantuviera en su cargo hasta la emisión del programa de Cuatro. «Lo sabían, había pintadas por todo Badalona, ¿cómo han podido mantenerlo en un cargo de este tipo?»

El de Marc no es el único precedente con denuncia contra un profesor marista de Barcelona por abusos sexuales. También estaba el caso de Álex, que denunció a Arnold en 1997, cuando tenía 23 años. Esta querella motivó una investigación de los Mossos d'Esquadra. Álex llegó a reunirse con dos de sus agentes en una cafetería cerca de la estación de Sants. Al cabo de un año, recibió también una notificación del juzgado, que le informaba de que los delitos denunciados ya habían prescrito. Como la denuncia de Álex se archivó, Arnold no se movió del colegio de Sants-Les Corts, en el que ejerció durante toda su carrera docente. No es un detalle menor. Ni con Zudaire, ni con Arnold, los Maristas reaccionaron despidiendo a los dos profesores denunciados por abusos sexuales.

Este era el contexto que le faltaba a la gestión que los Maristas hicieron de la confesión de Benítez en 2011. Porque Benítez abandonó en silencio el colegio de Les Corts solo 32 días después de la entrevista de Marc en TV3. Es decir, el caso Benítez explotó mientras la hermandad religiosa vivía con angustia la crisis desencadenada por las movilizaciones iniciadas por Marc y el resto de víctimas del hermano Lucio Zudaire. Ambos incidentes coinciden en el tiempo. Y estos exalumnos de Badalona habían descubierto tantas cosas que un nuevo asunto de pederastia en el seno de la institución —no uno del pasado, sino uno actual como el de Benítez— era algo catastrófico.

Sobre los Maristas ya llovían en 2011 críticas por el encubrimiento de Zudaire, por haberlo alejado de la escuela de Badalona a comienzos de los ochenta, pero haberlo cobijado —en contacto con menores, de los que siguió abusando— en el albergue de Planoles y mantenido en ese lugar —a pesar de las denuncias— hasta que la cadena Cuatro pasó la filmación de Marc grabada con cámara oculta. En esta tesitura, al vicario Pere F. y al jefe de la Fundación Champagnat, Gabriel V., les tocó lidiar con la confesión de Benítez. El escenario explica muchas cosas.

El precedente de Zudaire, un pederasta como Benítez, permite cuestionar seriamente, por ejemplo, que el motivo real que llevara a los Maristas a tomar la decisión de no revelar a los padres y alumnos del centro la verdadera causa de la partida de Benítez fuera la voluntad de proteger la presunción de inocencia de este profesor, como el propio Gabriel V. había asegurado a la periodista Mònica Terribas.

Antes de aclarar por qué lo cuestiona, toca remarcar que Benítez, a diferencia de Lucio Zudaire, era un profesor seglar. Por eso los Maristas se deshicieron de él sin contemplaciones. Al hermano Zudaire, en cambio, los Maristas no lo obligaron a marcharse e, incluso después de haber sido sorprendido por la cámara oculta, siguieron protegiéndolo. Tampoco lo denunciaron jamás. A pesar de las diferencias abismales entre el trato que recibió Benítez y el que recibió Zudaire, los Maristas sí decidieron enviar un comunicado a los padres de Badalona para trasladarles el posicionamiento de la institución. ¿No les importó atentar contra la presunción de inocencia de Zudaire? En este escrito no se pedía en ningún momento que se abstuvieran de juzgarle prematuramente porque este era un trabajo que correspondía «a los policías» y «a los jueces». Es más, se daba por hecho que era culpable y objetivamente no tenían más motivos para sentenciarlo a él que a Benítez. La diferencia era que uno había confesado por televisión y el otro en la intimidad de un despacho de Sants-Les Corts.

En realidad, a los Maristas, a pesar de lo que dijo Gabriel V. en Catalunya Ràdio, no les preocupaba la presunción de inocencia de un seglar confeso como Benítez sino que se hiciera público un segundo caso de pederastia cuando el precedente de Zudaire todavía rugía en Badalona. Entonces no les quedó más remedio que enviar un comunicado para calmar a las familias del colegio Champagnat y se olvidaron de la presunción de inocencia de uno de los suyos. Porque, en el fondo, los Maristas siempre han actuado del mismo modo: anteponiendo la protección de la orden educativa. No porque no importaran los alumnos, sino porque importaba más una institución con la que habían comprometido su existencia.

El debate político de esos días puso la lupa sobre la gestión administrativa de los Maristas y, en consecuencia, también sobre el grado de responsabilidad que recaía sobre los poderes públicos que los financiaban. Según la ley de la infancia (de 2010) estos tienen el deber de «tomar todas las medidas necesarias» para proteger a los niños ante cualquier forma de violencia y también el de promover la «recuperación física y psicológica» de aquellos que hayan sido víctimas. El artículo 100 subraya que «todos los profesionales de la educación» ante cualquier abuso tienen «la obligación» de actuar «en colaboración» con la Generalitat. El informe elaborado por el Síndic de Greuges (el defensor del pueblo catalán), Rafael Ribó, concluyó, tras estudiar los episodios de 2011 y de 2013, que los Maristas habían «desatendido el principio superior de interés del menor». O dicho de otro modo, que había importado más la institución.

9

Los ladrones de la intimidad

Desde el inicio del caso Benítez, la hermandad religiosa se sintió asediada por la prensa. Y en especial se sintió herida por *El Periódico*. El enfrentamiento entre periodistas y Maristas tal vez fuera inevitable. En esencia, los unos trabajaban para saber todo lo que había pasado dentro de aquellos muros escolares y los otros no querían que lo encontraran porque estaban seguros de que lo utilizarían para hacerles daño. En un buzón que se abrió en el diario con la intención de echar una mano a la investigación para que los lectores pudieran «denunciar abusos sexuales» se hizo evidente que el Caso Maristas era un tema difícil (o muy jodido). Por muchos motivos. El buzón recibió unos cuarenta correos. Todos enviados en un intervalo de quince días. Ese tiempo, en realidad, fue el que duró la ebullición del Caso Maristas, antes de que el ritmo de la vida lo enterrara. Terminó siendo una herramienta de gran ayuda. Pero también se convirtió en un canal a través del que muchas personas nos animaban a seguir y otras —no pocas— nos hacían llegar su malestar. Comenzando por el primero que recibimos. Era un escrito, largo, de alguien que se identificaba como un exalumno del colegio de Sants-Les Corts y que quería que «la gente» conociera «mejor» a Joaquim Benítez.

En una escuela de curas con reminiscencias franquistas, se puede decir que Benítez era de los cuerdos (o eso parecía). Había profesores muy raros. Se decía que algunos pegaban a los alumnos. Otros, más jóvenes, creían que suspender mucho los hacía mejores. Exigían mucho y enseñaban poco. Yo suspendí. Suspendí tanto que casi terminan con mis ganas de estudiar. Benítez era de los que daba caña pero lo hacía con educación. Jamás había estado tan en forma, nos hacía correr treinta minutos por el patio solo «para calentar». Recuerdo consejos muy sabios que nos dio para que aprendiéramos a mantenernos en forma cuando nos hiciéramos mayores y tuviéramos menos tiempo para entrenar.

A continuación, este emisario detallaba un episodio que vivió con Benítez: un masaje que le dio sobre el plinton al terminar la sesión. Durante el estiramiento, le rozó los genitales. Nada «escandaloso» pero lo bastante extraño como para plantar en él la semilla de una duda que había despejado treinta y un años más tarde. Quería dejar claro que Beni no era de los que tenían «mala fe». Le parecía «una buena persona». Se despedía apuntando que Benítez, a su juicio, demostraba que detrás de un adjetivo «tan horrible» como el de pederasta podían haber «personas enfermas» que, a su vez, habían sido víctimas de un sistema educativo que también las había maltratado.

Llegó también un correo que adjuntaba una carta escrita, supuestamente, por una alumna de 16 años del colegio de Sants-Les Corts dirigida a los periodistas.

Dado que todos se permiten opinar sobre mi escuela, quiero hacerlo yo también. Sí, soy alumna de los Maristas, esta escuela en la que parece haber un *boom* de abusos sexuales.

Hoy hemos hablado en clase sobre esta cuestión. Nos han permitido preguntar, sin miedo, todo lo que queríamos. Así lo hemos hecho. Claro que había acciones que reprochar. Pero el centro hizo lo correcto, despedirlo y denunciar a ese hombre, a ese monstruo. Entristece ver a tus maestros con los nervios crispados, los rostros descompuestos y la dignidad apuñalada. Por eso pido a la prensa, desde mi humilde condición de adolescente de 16 años, que dejen de asediarnos día tras día.

Señores periodistas a la búsqueda del morbo y de la exclusiva, resulta agotador que se conviertan en ladrones que invaden nuestra intimidad. Por favor, dejen de hacerlo. No deseo que se detengan en su obligación de publicar noticias, soy la primera defensora de la verdad. Pero deténganse a pensar, tan solo un instante, en las personas que lo estamos viviendo desde dentro.

Resultan difíciles de soportar las constantes preguntas que nos toca responder. No dejaré de hacerlo, yo también quiero llegar al fondo del asunto y castigar a los culpables. Les pido que no caigan en la demagogia. No escriban sin reflexionar, no ataquen sin saber.

El lunes 8 de febrero era festivo en el calendario del centro de Sants-Les Corts. Me constaba que, tal como decía, al reanudarse las clases, bajo los días más abrasivos del escándalo, los profesores se encerraron con sus respectivas clases y abordaron el tema. Según le aclararon a Chusa, a más de un enseñante le falló la voz durante estos encuentros.

Sin tener ninguna certeza de que esta carta efectivamente la escribió una chica de 16 años a la que le tocó vivirlo todo «desde dentro», el contenido de la misma cuadra perfectamente con lo que pudieron sentir muchos de los estudiantes esos días.

Un «lector habitual» del diario que estuvo escolarizado en Sants-Les Corts entre 1983 y 1994, se expresó de forma parecida en un correo ulterior al de la misiva de la estudiante.

... Independientemente de lo que haya podido ocurrir, es TOTALMENTE FALSO que existiera cualquier tipo de encubrimiento en el colegio. En once años, NUNCA detecté ninguna situación o conducta de nadie que me hiciera sospechar nada extraño. No existía rumor alguno. No era un secreto a voces.
¿Saben que muchos profesores —en el pasado y en el presente— traen a sus hijos al colegio? ¿Cómo iban a traerlos si existiera tal sospecha? ¿Están contrastando lo que publican en su periódico? ¿Son conscientes del daño que están causando?

Al margen del buzón del diario, hubo otros indicadores, más externos, de las reacciones que suscitaba la investigación en marcha. La Federación de Asociaciones de Madres y Padres de Alumnos de Colegios Maristas de Catalunya mandó un comunicado que también realizaba una defensa cerrada de la institución a la que habían confiado sus hijos. Vindicaba la «calidad educativa», los «valores» de estos colegios y «la profesionalidad» de sus equipos educativos. Se condenaba cualquier «abuso» y prometía colaborar con los centros maristas para «erradicarlo». Sobre la sospecha de ocultación, el documento decía esto:

Lamentamos profundamente que se haya cuestionado la firme actitud y el compromiso de las escuelas maristas en la prevención, denuncia y erradicación de los abusos a menores y recordamos a la sociedad que este es un problema en el que todos nos hemos de sentir implicados. Rechazamos cualquier intento de convertir en un espectáculo un problema social contra el que, nos consta, que los centros maristas dedican muchos recursos desde hace tiempo.

El notificado acababa reafirmando su «afecto, comprensión y apoyo» a las víctimas y a sus familias. Sin embargo, quería dejarles también claro que esta asociación «no compartía» las actitudes adoptadas por algunas de ellas que «habían limitado la defensa de los diferentes posibles casos tan solo al ámbito de los medios de comunicación, haciendo que la propia comunidad educativa se sintiera excluida y viera cuestionados sus recursos y disponibilidad». En este sentido, «invitaba» a todas las víctimas «a canalizar las quejas y denuncias a través de las vías adecuadas para que la comunidad educativa y la justicia pudieran darles una respuesta adecuada en cada situación».

El Periódico había publicado el domingo 7 de febrero una noticia que repasaba las señales que se habían desdeñado por parte de la escuela y que indicaban que Benítez podía estar abusando de menores. Se hacía referencia a los e-mails que una víctima de Benítez (Óscar) aseguró haber mandado al director del colegio en 2005 y al relato de un denunciante que vivió cómo un profesor entró en el despacho de Beni —cuando este ya lo había dejado en calzoncillos— y se marchó sin hacer ni decir nada. En la noticia se recogía asimismo el testigo de la madre de tres chicos que estudiaron allí y que aseguró, a través de una llamada telefónica a la redacción, que estos siempre la avisaron de que Benítez tocaba a los alumnos. Según dijo, era «un secreto a voces» porque gente «de peso dentro de la estructura del colegio lo sabía». Por último, se hacía hincapié en el comentario que el mismo Benítez hizo acerca de que la dirección habría hecho «todo lo posible» para que sus agresiones «no trascendieran». El titular era: «Los abusos sexuales en los Maristas eran un secreto a voces.» Desató la ira en el colegio porque, aunque la noticia quería dejar constancia de que hacía falta que hubieran fallado muchas cosas para que un pederasta campara a sus anchas durante treinta años sin que nadie lo detuviera, literalmente la expresión «un secreto a voces», formulada por aquella madre, podía dar a entender que Benítez había actuado contando con la complicidad del resto de profesores del claustro. Me consta que, como decía la carta de la alumna, hubo docentes que sintieron que se «apuñalaba su dignidad». Lo dejaron claro en este comunicado, difundido días más tarde:

> Los claustros de profesores y todo el personal de las escuelas y centros maristas de Catalunya condenamos y rechazamos conjuntamente, unánimemente e inequívocamente las insinuaciones de encubrimiento y de tolerancia ante abusos a menores en centros educativos en los cuales ejercemos nuestra labor profesional.
> Una vez más, reiteramos nuestro apoyo incondicional a las víctimas y a las familias, y seguiremos trabajando para mantener los valores y la seguridad que han hecho de las escuelas maristas un ejemplo educativo y de preservación de los derechos de los menores.
> Pedimos y exigimos respeto y ética ante las víctimas y el profesorado, y en ningún caso entraremos a formar

parte del circo mediático en el cual algunos quieren convertir las tristes experiencias vividas.

Exigimos que se deje en manos de los profesionales (profesores, equipos educativos, psicólogos, fuerzas policiales, instituciones, administraciones competentes y sistema judicial) la gestión de cualquier abuso a menores y rechazamos que alguien quiera asumir o impostar papeles que no le corresponden.

A pesar de todos los intentos por desvirtuar la labor educativa que llevamos a cabo, estamos convencidos de que la educación es un tesoro para el futuro de nuestra sociedad y seguiremos caminando en este sentido. Todas las escuelas y obras sociales maristas seguiremos ofreciendo una educación en la que los valores son y serán el eje vertebrador, y seguiremos contribuyendo a formar personas responsables, solidarias y con espíritu crítico.

El miércoles 12 de febrero, en un acto que cristalizó el enfrentamiento entre periodistas y Maristas, más de cien alumnos y exalumnos del colegio de Sants-Les Corts se dieron la mano y rodearon el recinto escolar en una muestra que, según dijeron, pretendía apoyar a las víctimas y, a la vez, proteger a los Maristas de los ataques que estaban recibiendo. Dos días después, sin embargo, Manuel Barbero convocó una manifestación de apoyo a las víctimas en la plaza del Centre (a 50 metros del colegio) y acudieron solo veinte personas.

La primera carta que llegó al correo del diario, la que intentaba humanizar al profesor Benítez, me pareció que trataba de vacunar contra cualquier intento de simplificar un tema complejo, contra cualquier descripción maniquea que se apresurara a reducir a los pederastas y a los Maristas al papel de malvados o al de encubridores, respectivamente. Benítez, decía el emisario, no era un monstruo. Aunque hubiera hecho cosas monstruosas. Las otras dos, la de la supuesta alumna de 16 años y el supuesto «lector habitual» del diario, subrayaban el potencial lesivo de la información. Los dos comunicados oficiales, el de los padres y el de los profesores, iban más allá. El primero porque criticaba a las víctimas que acudían a los medios de comunicación. Y el segundo porque directamente llamaba impostores a los informadores que estaban cubriendo el caso.

Los periodistas últimamente despiertan esto. Pero siempre han hecho lo mismo. Y tampoco actuaron de un modo distinto con los Maristas. No impostaron ningún papel. Todo lo contrario, eran los únicos que podían jugar alguno ante la inmensa mayoría de los delitos denunciados en el Caso Maristas porque estos ya estaban prescritos. Solo quedaban vigentes cuatro de los cometidos por Benítez. Legalmente, este profesor era el único al que se podía perseguir.

Los jueces tienen montañas de trabajo acumulado sobre su escritorio. Lo primero que acostumbran a hacer cuando les llega un caso de abusos sexuales ocurrido fuera del plazo establecido por la ley es ponerlo en conocimiento de la Fiscalía, para que corrobore que efectivamente el sospechoso no resulta enjuiciable. Cuando esta lo certifica, el caso se archiva. Durante este tiempo, algunos magistrados pueden ordenar a un cuerpo policial, como el de los Mossos d'Esquadra, el Cuerpo Nacional de Policía o la Guardia Civil, que recaben más información sobre el denunciado. Esto segundo deja de tener importancia enseguida porque cuando el juez da carpetazo al asunto, cualquier investigación queda automáticamente congelada. Nunca llega a juicio. Nunca hay ninguna condena.

Es decir, lo que ocurrió con todos los docentes de los Maristas que fueron denunciados por sus exalumnos es que desde el primer momento supieron que no resultarían condenados. Cuando los Maristas, la federación de padres o los profesores pedían que se dejara trabajar a los que debían hacerlo —los policías y los jueces—, ¿sabían que todos ellos tenían las manos atadas? Posiblemente ni la federación ni los profesores fueran del todo conscientes de eso, y cuando pedían que solo actuaran policías y jueces quizá creyeran que realmente podrían llegar hasta el final de esta función. Pero en el caso de los directivos Maristas, y más en un caso de abusos sexuales del pasado, resulta nuevamente sospechoso. Porque cuando el vicario provincial o el presidente de la Fundación Champagnat exigieron públicamente que se midiera la gravedad del caso en función de las sentencias judiciales que terminara cosechando, sabían perfectamente que solo llegaría una, en el peor de los casos, la de Benítez. Sabían otra cosa: solo los informadores suponían una verdadera amenaza para la institución.

Es verdad que los periodistas no son precisamente quirúrgicos extirpando los secretos. Pero también lo es que los Maristas no iban a entregar voluntariamente algo que se habían esforzado tantas décadas en ocultar.

al contrataque	Time Out		Mariana	
Sacudir el país 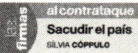	**Los mejores pollos a l'ast**		Segundo cómic de una colección única de grandes héroes, por 9,95 €	
SILVIA CÓPPULO	Hoy, gratis			

1,30 € · VIERNES 12 DE FEBRERO DEL 2016 · CONSELL DE CENT 425-427 BARCELONA. TEL. 93.265.53.53 · www.elperiodico.com www.grupozeta.es · DIRECTOR ENRIC HERNÁNDEZ

el Periódico de Catalunya

vi. 12

PARA GENTE COMPROMETIDA

EXPERIMENTO EN ESTADOS UNIDOS Y EUROPA   COSAS DE LA VIDA ▶ Páginas 30 y 31

Einstein tenía razón

Un equipo internacional capta las ondas gravitacionales que predijo el científico alemán

El descubrimiento, un siglo después, revoluciona el estudio del origen del universo

AGUSTÍN CATALÁN

El 'caso Púnica' alcanza la sede del PP

▶ El juez registra la gerencia regional en Génova e investiga a un directivo de OHL
PANORAMA ▶ Página 16

La corrupción, principal escollo entre Rajoy y Rivera
PANORAMA ▶ Páginas 16 y 17

Los líderes del PP y Ciudadanos se reunieron ayer en el Congreso.

EL TRAMO SUR DE LA L-9 SE INAUGURA HOY

El metro llega por fin a El Prat

L9 Una de las reivindicaciones históricas de Barcelona será realidad desde esta mañana
TEMA DEL DÍA ▶ Páginas 2 a 4 y editorial

LAS DENUNCIAS DE ABUSOS SEXUALES

Los Maristas no colaboraron con los Mossos en el 2011

La Fundación Champagnat aparta al subdirector de Sants-Les Corts
COSAS DE LA VIDA ▶ Páginas 32 y 33

idealista

10

La mácula crece

Tras la lluvia de casos publicados durante la primera semana, el Caso Maristas había estallado definitivamente. Inexplicablemente, la investigación periodística, que desde fuera parecía ir sobre ruedas, embarrancó.

Las pistas que recogimos durante los días siguientes conducían a vías muertas —como un extrabajador que había insinuado que tenía pruebas de la ocultación de los Maristas pero se presentó a la reunión sin ningún documento—, avanzaban hacia lugares ya explorados —se desecharon entrevistas con exalumnos que volvían a denunciar abusos demasiado parecidos a los ya publicados— o confundían el sentido de la marcha. Sobre este último punto, merece la pena destacar que no fueron pocos los expupilos maristas que pidieron que se informara también de los castigos físicos que infligían algunos docentes o sobre la expulsión clandestina de estudiantes complicados antes de que mancharan con expedientes mediocres la nota media que blandía orgullosa la orden cuando los elegidos terminaban COU. No se publicó nada de esto porque no se contrastó. Al diario le preocupaba sobre todo dar voz a nuevas víctimas de abusos sexuales cometidos por otros docentes. Ahora nadie dudaba de que había muchas más. El problema es que no aparecían.

La calma durante este período de espera la trajo el periodista más inquieto de la sección de sociedad: Jesús G. Albalat. La primera vez que me tomé un café con Albalat (en noviembre de 2015) me aclaró que, a pesar de llevar casi treinta años de redactor en *El Periódico*, a él no le gustaba demasiado escribir. «Mi trabajo —me remarcó— consiste en conseguir información.» Hay muchos periodistas que se esmeran más que él en la redacción de una noticia. Pero pocos que sean mejores que Albalat averiguando cosas. Por eso trajo la calma. Poco después de la primera declaración de Benítez, se presentó a la redacción y sacó de su maletín de piel gastada un fajo enorme de folios aprisionados dentro de una carpeta maltrecha. Lo levantó victorioso y creo que —sin ser consciente de ello— se describió a sí mismo con este aforismo: «Seré bajito y calvo, pero tengo el sumario.»

Traía copias de todas las denuncias que habían presentado las víctimas de Benítez, del informe de los Mossos d'Esquadra redactado por el cabo Pau, de la notificación que los Maristas hicieron en 2011 a la Fiscalía de Menores —la misma en la que omitieron que el profesor de gimnasia había confesado— e incluso un extracto de la vida laboral del exdocente marista. Durante los días siguientes, Albalat afianzó los contactos necesarios dentro de aquella causa judicial y el diario pudo seguir informando —dosificando todo aquel material— sobre quién era Benítez y en qué habían consistido exactamente sus abusos cometidos durante más de treinta años.

Chusa, por su parte, cuando no estaba visitando a los profesores denunciados que íbamos localizando, andaba

Adrián Becerra descansa durante el paseo que dio con Chusa en el Monestir de les Avellanes. (Foto de Julio Carbó.)

Alumnos de los Maristas defienden al colegio. (Foto de Carlos Montañés.)

Amador Escobar se asoma por la ventana de su domicilio en la Comunidad Valenciana. (Foto de Miguel Lorenzo.)

Arnold se aleja por una calle de L'Hospitalet tras negar las acusaciones de sus exalumnos. (Foto de Albert Bertran.)

El primer día en el centro de Les Corts tras la publicación de la primera noticia sobre el Caso Maristas. (Foto de Julio Carbó.)

Joaquim Benítez accede a dejarse fotografiar segundos después de confesar. (Foto de Josep García.)

Joaquim Benítez entra en la Ciutat de la Justícia perseguido por los fotógrafos. (Foto de Joan Cortadellas.)

Manuel Barbero, junto a su mujer Eva, recibe una ovación en el Parlament de Catalunya. (Foto de Joan Cortadellas.)

sumergida en las repercusiones que tenía el escándalo dentro de la comunidad educativa, su hábitat natural. Sus jornadas aquellos días no fueron más breves que durante la eclosión del caso. Los jefes Luis Mauri y Ramon Vendrell siguieron insuflando aire encargando temas sobre la prescripción de los delitos de abusos sexuales o sobre el daño que pueden causar los pederastas. Cualquier noticia de peso que enviaran las agencias de noticias sobre nuevos casos de pederastia ocurridos en el extranjero encontraron, aquellos días, un hueco en la sección «Cosas de la vida». Fueron semanas de mucho trabajo. Sin embargo, yo notaba la presión ambiental motivada por la sequía repentina de nuevos casos. Una llamada al teléfono fijo de la redacción menos críptica de lo que cabría esperar magnetizó de nuevo la brújula:

—¡Joder, no paráis de sacar casos en Les Corts y en Sants! ¿Qué pasa? ¿No tocaban a nadie en los otros centros?

—¿Cómo dice?

—Que no entiendo por qué cojones no sale nada del colegio Maristas de la Immaculada.

—Ajá...

—¡Lo tenéis al lado!

Ciertamente, este colegio marista está situado muy cerca de la redacción del diario.

—A ver, si no hemos publicado nada de La Immaculada es porque no hemos encontrado nada que pudiéramos publicar de La Immaculada. Pero lo haremos si esto cambia, como hemos hecho con Sants-Les Corts. No lo dude.

—Vale, porque el de La Immaculada también estaba lleno de pederastas.

—¿A usted le ocurrió algo?

—A mí no.

—Pues entonces... lo lamento, pero si a usted no le ha pasado nada...

—A mí no. Pero apunta este teléfono, es de un compañero que sí sufrió abusos. Era mi amigo. La liábamos mucho en la escuela. Le he perdido un poco el rastro pero seguro que sigue siendo un *crack* de mucho cuidado. Quiero decir que es como yo, de los que no tendrá demasiados reparos en hablar contigo. Llámale.

Así entró por primera vez el colegio de La Immaculada en el punto de mira de la investigación. Este era el objetivo que se nos escapaba: si existían diversos casos en Sants-Les Corts, tenía que haberlos también en La Immaculada. Pero no conseguíamos entrar dentro del colegio más bello que la orden tiene en Catalunya. El *crack* resultó no ser alguien tan accesible como había asegurado su viejo amigo. Traté de contactarlo llamándolo por teléfono y enviándole mensajes a través de whatsapp. No respondía. En el fondo, resultaba previsible que mostrara cierta resistencia. Por revoltoso que fuera de crío, ahora era un adulto al que no tenía por qué apetecerle hablar con un periodista desconocido sobre episodios humillantes. No era distinto del resto de víctimas, a ninguna de ellas, sin importar el grosor de su piel, le apetecía hacerlo. Todas eran fuentes asustadizas que podían huir si notaban el aliento de la prensa demasiado cerca. Por impaciente que estuviera, no podía hacer sino resignarme a contemplar cómo esta primera pista que abría la puerta de La Immaculada se esfumaba.

Dos días más tarde, el diario recibió un mail con una nueva pista, la segunda:

Hola.

Ante todo, y por el momento, quiero anonimato absoluto. Este tema ha sido siempre un tabú en mi familia. (...) No quiero explicar mi caso con un profesor de La Immaculada hasta que no sepa hasta dónde va a llegar esto. Es algo que siempre quise enterrar en mi memoria y décadas después vuelve a salir.

Leí detenidamente aquel mail y supongo que lo respondí enseguida:

Buenos días.
Hemos recibido tu correo en el buzón del diario. Me gustaría que habláramos. Te garantizo tu anonimato (si lo deseas).
(Añadí mi teléfono móvil.)

Me llamó a última hora de la tarde. Al responder, al otro lado del auricular escuché la voz temblorosa de un hombre que también se negó a revelarme ningún dato personal. Ni sobre él ni tampoco sobre el profesor que supuestamente había abusado de él. Solo accedió a darme dos letras.
—«A» y «E».
—¿«A» y «E»?
—Su nombre empieza por «A» y su apellido por «E»...
Reconozco que me mosqueó un poco.
—Sería más fácil que me dijeras directamente cómo se llama. Nosotros en el diario publicamos iniciales de víctimas y de pederastas porque nos lo piden los primeros y porque al tratarse tan solo de acusaciones no podemos colgar la etiqueta de pedófilos a los segundos. Pero a mí sí que puedes darme la identidad completa de este docente con toda la tranquilidad, porque nosotros solo publicaremos las iniciales.
—No puedo. Tengo miedo.

El escurridizo confidente se cerró en banda. La segunda pista que extendía los abusos hasta el otro lado del paseo de Sant Joan se detuvo en esas dos vocales.

La tercera pista tardó mucho más en llegar porque estaba dentro de la bandeja de entrada de «abusosenmaristas@gmail.com» que había impulsado la causa judicial contra Joaquim Benítez. El problema era que su administrador único, Manuel Barbero, navegaba como podía bajo la tormenta informativa que él mismo había desencadenado. En cuestión de horas pasó de estar preocupado por instalaciones de luz, gas y agua a convertirse en uno de los hombres más codiciados por los medios de comunicación. Tomar un café con él era hacerlo con un teléfono humeante. En parte, había elegido ese grado de exposición. Había pasado de pedir el anonimato —facilitando tan solo su nombre de pila y exigiendo fotografías en las que aparecía de espaldas— a convocar ruedas de prensa en las que se presentaba a cara descubierta y bajo su nombre completo. «No soy yo quien tiene que esconderse», me dijo en una ocasión, cuando le di a entender que tal vez no era una buena idea aparecer tanto en público. Durante esos días, aunque tuviera espaldas para soportar toneladas de presión, no tenía horas para gestionar un correo que se había desbordado. La tercera pista, enviada por una madre que se llamaba Patricia, estaba entre esos correos.

El martes 23 de febrero me acerqué hasta la plaza de Sants para desayunar con Manuel y con su teléfono móvil ardiente. Seguía vestido de operario y traía las manos manchadas de cal. Le confesé que comenzaba a estar desesperado porque, pese a tener fundadas sospechas de que La Immaculada escondía abusos, no lograba demostrarlo. Manuel, haciendo un cilindro con el sobre vacío del azúcar, dudó un instante y después me miró a través de sus gafas hipermétropes de una manera que me recordó nuestro primer café en Les Paraules.

—He recibido algún correo de una mujer que hablaba sobre La Immaculada. Creo que se llama Patricia. Su hijo sufrió abusos en esa escuela.

—¿En serio? ¿Podrías darme su correo?

—No lo sé. Quizá sí. Supongo que no le importará que le envíes un mail...

Se lo mandé enseguida. Mientras salía de la cafetería.

Hola Patricia,
¿Crees que podríamos hablar?
He pedido ayuda a Manuel para seguir investigando. Me ha sugerido que te contacte. Necesito toda la ayuda que pueda reunir. No sufras si decides no ayudarme. Borraré este correo y no volverás a tener noticias mías.

Cuando llegué a la redacción descubrí sorprendido que mi teléfono ya había recibido una respuesta de Patricia. Me aseguraba que no tenía ningún inconveniente en hablar conmigo y me prometía que me llamaría «a lo largo de la mañana». En realidad, quien terminó contactando conmigo ese martes fue su hijo, Xavi, la víctima que había sufrido los abusos dentro del colegio de La Immaculada. Escaldado por las decepciones anteriores, me esforcé en que no se asustara.

—Hola. Antes que nada déjame decirte que agradezco mucho que hayáis accedido a hablar conmigo. También que debes saber que solo se publicarán los datos personales que vosotros accedáis a difundir. Y si decidís no publicar ninguno, os garantizo totalmente vuestro anonimato.

—De acuerdo. —No parecía asustado.

—¿Podríamos vernos?

—Sí. ¿Quieres que vengamos a la redacción? —Desde luego, no estaba asustado.

—¿A la redacción? Sí, claro, por qué no. Perfecto.

—Pues vale. Vendremos.

—Una cosa, Xavi... ¿recuerdas el nombre y apellido del profesor que abusó de ti?

—Claro que sí. Se llamaba Amador Escobar.

Tras colgar, me quedé absorto contemplando en la libreta los cuatro datos que había recogido durante la conversación. Eran buenas noticias. Me invadió un sosiego al sentir que aquella tercera pista, al fin, parecía consistente. En ese estado, casi placentero, uno de los garabatos del papel, sin previo aviso, me despertó de golpe. Eran dos palabras, el nombre y el apellido de aquel profesor: Amador Escobar. Me dio la impresión de estar escuchando nuevamente la voz temblorosa de un hombre con el que había hablado hacía dos semanas por teléfono: «A» y «E». Amador Escobar era el profesor al que no se atrevía a nombrar.

A pesar de que los abusos sufridos por estas dos víctimas temporalmente estaban separados por más de quince años, Amador actuó en las dos ocasiones de un modo asombrosamente parecido. Puede que en otros tiempos ese intervalo no signifique tanto, pero entre los cursos escolares de 1976-1977 y 1992-1993 había tanta distancia que los dos chicos estudiaron en colegios construidos sobre dos mundos distintos. Cuando los sufrió Ricard (la primera víctima de Amador finalmente accedió a darme su verdadero nombre), en España se derogó la censura de prensa, se celebraron las primeras elecciones democráticas —que ganó Adolfo Suárez— y se restableció la Generalitat de Catalunya tras una marcha de más de un millón de personas durante la Diada del 11 de Septiembre. Cuando los sufrió Xavi, Barcelona estaba radiante después de hacer el amor con los Juegos Olímpicos, Felipe González acababa de armar su último equipo de gobierno, Bill Clinton ganó las elecciones que echarían a George Bush de la Casablanca tras la Guerra del Golfo y Juan Pablo II reconoció que la condena que sufrió el científico Galileo Galilei (el padre de la ciencia moderna encarcelado por la Iglesia católica) fue injusta.

Tanto Ricard como Xavi tenían otra cosa en común: los dos habían sido capaces de pedir ayuda a su madre. En realidad, Ricard no había podido ocultar el zarpazo de su maestro porque con tan solo 7 años regresó un día a casa con la cremallera del pantalón rota. La mujer quiso saber cómo había pasado e interrogó a su hijo. «Veía que tal como estaba rota difícilmente podía haber sido yo. Al final tuve que contarle que había sido Amador.» La madre, en 1977, cuando la Iglesia tenía todavía un poder absoluto y un colegio religioso marista se distinguía más bien poco de una iglesia a ojos de una persona seglar, podría haber optado por arreglar la cremallera y regañarlo por buscar excusas absurdas. Pero eligió creer a su hijo. Confió tanto en él que acudió a la escuela para defenderlo. Ricard recuerda bien que Amador no volvió a ponerle jamás la mano encima. Sin duda eso significó que quien escuchara a su madre pensó que su relato era lo bastante grave como para darle un aviso a Amador. Sin embargo, no lo era tanto como para tomar medidas. Ninguna. Amador siguió trabajando de profesor en el colegio. Y Ricard, el hijo de la denunciante, terminó el curso con el profesor que le había roto la cremallera del pantalón para tocarle los genitales.

Patricia también creyó en Xavi, cuando a los 9 años le explicó que el tutor hacía con él cosas que le daban mucha vergüenza revelar. En 1993, el director del colegio de La

Immaculada, tras escuchar a esta madre, sí se comprometió a tomar medidas. Sin embargo, pidió algo a cambio, que Patricia estaba a punto de contarme delante de una cámara y al lado de Xavi.

El 24 de febrero por la tarde, madre e hijo, tal como habían prometido, vinieron al diario. Patricia cruzó la redacción con la misma serenidad con la que hubiera atravesado un campo de trigo. A Xavi, por el contrario, le costó un poco más superar el pasillo central de aquella planta asediada por los escritorios de tantos periodistas. Xavi tenía 32 años y parecía una de esas personas que no logran disimular su nobleza. Le puse el micrófono a él y le expliqué que el plano que filmaríamos con la cámara no incluía la cabeza porque se concentraría en sus manos. Le pedí que si tenía pulseras, anillos o un reloj fácilmente reconocibles, se los quitara. Comenzamos:

—No recuerdo cuántas veces fue. Pero Amador aprovechaba los momentos de las correcciones. Nos poníamos todos en fila y con una mano apuntaba los fallos que hacíamos pero con la otra nos tocaba los genitales. En ese momento no entendíamos nada. Lo hablé con algún compañero. Fueron varias veces. Hasta que se lo pude contar a mi madre.

—¿A tus compañeros también les hacía lo mismo?

—Sí. A varios compañeros. Con algunos lo hemos ido recordando con los años. Sobre todo el hecho de que se excediera dentro de la clase, y tal vez eso impedía que fuera a más. Lo hemos comentado con frustración y con rabia. Se aprovechaba de una situación en la que no éramos conscientes de lo que sucedía. Era un adulto dentro de una escuela religiosa donde nos enseñaban a ser buenos. No nos cabía la posibilidad de que alguien tan cercano, un modelo de comportamiento, pudiera portarse mal.

Aquella grabación se publicó en la versión digital con la voz distorsionada. Xavi quería colaborar con la investigación periodística pero estaba preocupado ante la posibilidad de que se le relacionara con todo aquello. Patricia aceptó un primer plano y ser citada en la noticia con nombre y apellido. Si al final apareció bajo la misma protección que Xavi fue porque este le rogó que no lo hiciera.

—Mi hijo, en Navidades, cuando el colegio estaba cerrado, me contó muy preocupado que su profesor Amador le metía mano y que por eso no quería volver a clase. Tras el parón vacacional, el primer día me presenté en la escuela. La secretaria que me atendió me instó a pedir hora para ser recibida por el director. Amenacé con acudir a una comisaría y el director me atendió enseguida. Cuando le expliqué por qué había venido, me dijo que ya estaba al corriente de los actos de Amador y me aseguró que no debía preocuparme porque dejaría el colegio. Aun así yo quería denunciarlo y, para quitarme de la cabeza esa idea, me prometió que este señor no volvería a dar clases a otros niños. Tampoco en otro centro. Me dejó caer que si denunciaba desprestigiaríamos el colegio y consiguió quitármelo de la cabeza.

—¿Te insistió en que no denunciaras?

—Sí, sin duda.

—¿Entendiste por qué te lo pedía?

—Me habló del prestigio del colegio. Me repitió que no volvería a tocar a ningún niño porque no volvería a acercarse a otro centro escolar. Fui demasiado inocente porque me dio la impresión de que me hijo quizás había tenido mala suerte, pero que estas cosas no podían estar pasando. Ahora sé que sí que pasan. Tenemos que proteger a nuestros hijos.

Cuando Patricia y Xavi se marcharon del periódico, me

acordé del *crack* que, según su viejo amigo, había sufrido abusos en La Immaculada. Así que, sin apenas convicción, le mandé un whatsapp dejándole caer el nombre de Amador:

—Buenas, supongo que mañana publicaremos una información sobre un profesor de los Maristas. Se llama Amador. Me vendría muy bien contrastar contigo algunas cosas que cuentan otras víctimas. No necesito citarte. Si no quieres hablar conmigo, esta será la última vez que intente contactarte. Lamento la insistencia. Hasta pronto.

Contra todo pronóstico, funcionó:

—Te llamo en dos min.

El *crack* resultó ser un hombre de 37 años que se llamaba Joan. También había sido alumno de Amador. También él había sufrido abusos sexuales en La Immaculada. Escogió mantenerse en el anonimato como todas las víctimas. Pero habló sin embudos. Tal como me habían asegurado sobre él, decía lo que pensaba. También se dejó grabar:

—Era mi tutor en los Maristas. Tenía una costumbre. En clase nos llamaba de uno en uno a su mesa. Una mesa de madera que a mí entonces me parecía enorme. Allí nos hacía mostrarle la libreta de los deberes. Allí nos tocaba, delante de toda la clase, mientras los demás compañeros hacían las tareas que había ordenado. Lo hacía una o dos veces por semana. Pasábamos entre 10 o 14 niños. Algunos se pasaban solo un rato en la mesa de Amador, pero otros estaban más rato.

—¿Recuerdas la primera vez?

—Recuerdo que lo que hizo fue meterme la mano dentro del chándal para tocarme los genitales, tratando de masturbarme. Me quedé petrificado. Fue algo muy incómodo.
—¿Hubo más veces?
—Una más. La segunda vez traté de demostrarle que eso me molestaba. Sirvió para que me llamara mucho más de vez en cuando a su mesa. Y para que ya no me tocara más. Pero había muchos compañeros que iban muy a menudo a la mesa de Amador. Escogía a los que no sabían defenderse.

al contrataque	Time Out	Mañana	
Birlarnos el Mobile SÍLVIA CÓPPULO	Los mejores restaurantes a la hora de la comida **Hoy, gratis**	Reloj Poète, **por solo 9,9€**	Cuarto cómic de la colección

1,30 € · VIERNES 26 DE FEBRERO DE 2016 · CONSELL DE CENT 425-427 BARCELONA. TEL. 93.265.53.53 · www.elperiodico.com www.grupozeta.es · DIRECTOR ENRIC HERNÁNDEZ

el Periódico de Catalunya

PARA GENTE COMPROMETIDA vi. **26**

LOS OBISPOS RECLAMAN MÁS TRANSPARENCIA A LA ORDEN
> COSAS DE LA VIDA
> Páginas 30 y 31

Denuncias por abusos en otro centro marista

Tres exalumnos de los Maristas del Eixample sufrieron tocamientos en clase entre 1977 y 1993

La madre de una de las víctimas revela que la dirección del colegio la invitó a tapar el delito

El Mobile volverá en el 2017
Los 101.000 visitantes despejan todas las dudas de la organización
> PANORAMA > Págs. 24 a 26 y editorial

A CUATRO DÍAS DEL DEBATE
Sánchez espera sumar al PNV al acuerdo
> Rivera pedirá una cita con Rajoy para intentar que el PP facilite la investidura
> PANORAMA > Páginas 16 y 18

REFRENDO A LA APERTURA A OCCIDENTE
Los iranís votan con expectativas de cambio y más democracia
TEMA DEL DÍA > Páginas 2 a 4 y editorial
Antonio **Baquero** ENVIADO ESPECIAL

Rita Barberá
se despacha a gusto y afirma que no piensa dimitir
PANORAMA > Página 22

La calle de Girona será peatonal
La transformación se hará a partir del 2018 y seguirá el modelo de Enric Granados
COSAS DE LA VIDA > Páginas 36 y 37

11

La llamada

Amador Escobar era razonablemente alto. Pero desde la estatura con la que lo contemplaban los críos de tercero de EGB que poblaban su aula, parecía un ser sobrenatural. También era delgado y lucía un bigote bien recortado que, como la mayoría de los bigotes de los profesores, sugería llevar tanto tiempo allí como su nariz.

El día que manoseó por última vez a Xavi, mientras examinaba su cuaderno de caligrafía, Amador se acariciaba tan lentamente el mostacho que el chico comprendió que —como de costumbre— no había ninguna prisa. Sin levantar la vista del ejercicio, Amador pasó su brazo por detrás de la espalda de Xavi y acercó su cuerpo de 9 años hasta que la tabla superior de la mesa contactó con las costillas. El profesor Amador lo arrimó hasta ahí porque quería que observara de cerca algunas líneas del trazo de la escritura que le disgustaban. El pupilo, acongojado por la proximidad del adulto, escuchó las correcciones, mudo. La mano del maestro abandonó la espalda de Xavi y se acomodó sobre su cintura. Amador siguió desviando la atención del pequeño sobre la caligrafía mientras su mano izquierda desde el ombligo descendía traicioneramente, hasta posarse sobre los genitales de Xavi. Con toda la naturalidad del mundo, el maestro la mantuvo allí durante todo el tiempo que quiso. Esa era la trampa del pederasta. Disociar dos acciones simultáneas para que el humo de la primera ocultara por completo la intención de la segunda. Por un lado, la postura del profesor volcada sobre el cuaderno y la charla sobre caligrafía. Por el otro, la mano subrepticia movida como si hubiera cobrado una vida propia ajena a la del maestro. El escenario, el interior de una de las cuatro clases de tercero de EGB que se impartían en el colegio Maristas de la Immaculada, terminaba de camuflar la dualidad impuesta por el depredador porque podía ser cualquier cosa salvo un entorno hostil. Era el mismo enredo que utilizan los carteristas al chocar contra una víctima para que el contacto del golpe frontal disimule el suave roce que —sin este— notarían en el bolsillo trasero, desde el que su cartera se desliza al exterior. Como el carterista, lo que Amador ansiaba era precisamente lo que buscaba con la otra mano. Como la víctima del hurto, Xavi terminaría dándose cuenta de que había sido engañado y, el primer día de clase de 1993, la carrera del profesor tocó a su fin en cuanto Patricia subió por la escalera de la puerta principal de la calle Valencia.

Tras la publicación de la noticia el 25 de febrero, los Mossos d'Esquadra empezaron una investigación promovida por la denuncia de Xavi, el único que llegó a demandar por abusos sexuales a su antiguo profesor, tras la entrevista concedida al diario. A pesar de que se publicaron únicamente las iniciales del profesor acusado (A. E.), en los días siguientes llegaron a la redacción más correos y más llamadas de otros exalumnos que se identificaron también como víctimas de Amador y que describieron el mismo *modus operandi* del que habían hablado Ricard, Joan y Xavi. *El Periódico* no publicó ninguno de los nuevos casos porque ninguno de estos se animó a denunciarlo y porque, una vez publicada la noticia, el hecho de que coincidieran en el modo de proceder de Amador dejaba de significar gran cosa.

Amador había sido tutor de un curso de EGB en el colegio de Maristas de la Immaculada, por lo menos desde 1976. Este es el centro catalán más majestuoso de la institución, construido alrededor de una iglesia y a partir de un proyecto arquitectónico ambicioso que supo combinar con acierto piedras irregulares con ladrillos rojos perfectamente definidos. Hay cuatro líneas por curso, lo que significa que casi dos mil alumnos estudian allí anualmente. Después de que Xavi se diera cuenta del engaño, y exactamente igual a como había ocurrido con Joaquim Benítez, Amador se desvaneció. Nadie había vuelto a saber de él desde 1993.

Luis Mauri nos pidió a Albalat y a mí que tratáramos de localizarlo. Si no había fallecido. Empezamos por averiguar cuál era su segundo apellido. Lo consiguió Albalat tirando de algún hilo de los suyos. En cuanto lo tuvimos, nos zambullimos en el listín buscando a clientes de líneas telefónicas con esos apellidos. Encontramos a uno, residente en un pueblo de la Comunidad Valenciana. Marcamos su número:

—Hola, buscamos al señor Amador Escobar.
—¿Amador?
—Sí.

La pregunta invitaba a pensar que nos tocaba seguir pescando en el listín telefónico. Pero no, habíamos dado en el clavo.

—Él no vive aquí. Tienen que llamar a casa de su madre.

—¿Puede darnos el teléfono?

—Sí. Pero no llamen hasta las nueve de la noche porque ahora está dando clase.

—Gracias.

Amador no solo seguía vivo, también seguía «dando clase». Las fechas cuadraban por los pelos dado que si Amador fue tutor de Ricard en 1976 eso implicaba que entonces ya tenía más de veinte años y, en consecuencia, actualmente tenía más de 60. No era imposible y esa eventualidad abría un segundo interrogante que centró nuestro interés: en 1993 la dirección de La Immaculada había prometido a Patricia —para evitar que presentara una denuncia— que Amador jamás volvería a ejercer de profesor. ¿La engañaron?

A las nueve de la noche, Albalat y yo nos encerramos en un despacho de la redacción, conectamos el altavoz del teléfono y acercamos una grabadora para registrar la conversación. Respiramos hondo y marcamos el número que nos había facilitado el familiar de Amador. Tras varios tonos de llamada, respondió una voz varonil:

—Dígame.

—Buenas noches. ¿Es usted Amador Escobar?

—Sí, soy yo. ¿Quién es?

—Somos dos periodistas del diario *El Periódico*.

—Ah...

—¿Usted fue profesor del colegio de La Immaculada de los Maristas del Eixample?

—No.

—¿Usted es Amador Escobar?

—Sí.

—¿Y usted no fue profesor del colegio de los Maristas del Eixample?

—No lo sé. Puede ser, sí.

—¿Entre 1975 y 1993?

—Sí, más o menos.

—Cuando se marchó... ¿lo hizo porque tuvo problemas en el centro?

—Bueno, sí.

—Se lo preguntamos porque hemos hablado con tres hombres que fueron sus alumnos en años distintos. Aseguran que usted —durante la clase— los llamaba a su mesa y allí les hacía tocamientos en los genitales. ¿Es eso cierto?

—Oiga, mire, me estoy poniendo muy... me estoy sintiendo muy mal. A ver, dígame...

La voz de Amador sonaba entrecortada y gangosa, como si una nube de emoción (o tal vez de pánico) estuviera rodeando la campanilla de su garganta. Recuerdo bien que esta conversación se interrumpió dos veces, lo que obligó a reanudar la llamada otras tantas. Antes de que se cortara la comunicación, dijo —o simuló— que no podía oírnos con claridad. Marcar de nuevo el teléfono no era tan fácil puesto que Amador, con sus gimoteos, nos estaba suplicando que lo dejáramos en paz. Rellamar equivalía a no mostrar clemencia ante un hombre que la imploraba. Pero lo hicimos. Y él —y esto es algo que sigo sin entender— siguió cogiendo el teléfono. Hubiera bastado con que no lo hiciera...

—Sí, es que se ha cortado... los alumnos dicen que usted les tocaba los genitales durante la clase, cuando los llamaba a su mesa... ¿Es cierto?

—No sé... puede ser... a alguno puede ser... cuando venían a mi mesa a consultar, no sé... A alguno... sí.

Albalat y yo esta vez nos miramos con los ojos como platos. Mi compañero asintió para confirmarme que él también entendía que acababa de confesar. Había dicho: «sí».

—... Por eso me fui. Yo lo dejé todo. Ahora que ha salido

esto de lo de los Maristas de Barcelona... hace unos días que voy pensando... ¿Ustedes todo esto por qué lo preguntan?

—Porque hay tres personas, antiguos alumnos suyos, que dicen que sufrieron tocamientos y queríamos conocer su versión...

—Eso pasó hace mucho tiempo. Y si ahora lo vuelven a sacar... Lo pasé entonces muy mal.

—¿Lo pasó usted muy mal? ¿Sentía algún sufrimiento interno?

—Pasó una cosa de esas y yo dije que no quería seguir con alumnos. No quería seguir con la enseñanza. Y me fui.

—¿A usted entonces no le echaron del centro?

—No, yo me fui voluntariamente.

—¿Voluntariamente, dice?

—Sí, me fui por ese problema, que era superior a mis fuerzas. Si mi manera de ser es así, pues lo dejo.

Albalat quiso llegar más lejos. Había dejado caer que existía un «problema» y era necesario que verbalizara exactamente el problema que estaba sobre la mesa.

—¿Ese problema que usted dice que era superior a sus fuerzas era la atracción que sentía hacia los menores?

—No sé, sí, una especie de atracción. Vi que aquello (en alusión a la atracción o a los tocamientos), sin hacer nada (dando a entender que sus abusos existieron pero fueron únicamente caricias superficiales que no tenían ninguna importancia), era una cosa que a algún padre podía parecerle mal... y lo dejé estar.

Albalat no se dio por satisfecho:

—Esa atracción por los menores, ¿de qué forma la desarrollaba usted, con besos, caricias, tocamientos?

—De ninguna manera. Yo intentaba no hacer nada y no sé... Lo dejé todo porque ya no quería saber nada de nada, no quería seguir en la enseñanza.

—Cuando se fue de los Maristas, ¿siguió dando clases?
—No, no. No he dado más clases.
—Un miembro de su familia nos ha indicado que lo llamáramos a esta hora porque usted estaba dando «clases»...
—No, no. A ver, es que él se cree que estaba dando clases. Pero yo, aquí, las únicas clases que he dado han sido con inmigrantes (adultos), como voluntario en la Cruz Roja para enseñarles el idioma.
—¿No ha tenido contacto con más niños?
—No, solo con gente mayor e inmigrantes.

Quedaba por resolver si había existido alguna medida tomada por la dirección de los Maristas o, sencillamente, estos habían dejado que se marchara tranquilamente como hicieron con Benítez.

—¿Usted decidió alejarse de los menores sin que nadie le obligara a ello?
—Sí, sí, yo lo dejé todo porque no quería seguir en la enseñanza... No quería llegar a ninguna cosa.
—¿Quiere decir que era consciente de que si seguía en la enseñanza podía poner en riesgo la integridad de los menores?
—Sí, al principio... Yo fui consciente cuando pasó un caso de esos con un menor, pero no fue nada especial. Yo no creía que hubiera hecho nada, pero un padre se quejó, bueno, dijo que había habido algún tocamiento. Pero yo no consideraba que eso fuera un tocamiento y por eso lo dejé todo. Porque, me dije, a ver si ahora por cualquier cosa... no sé...
—¿Quiere decir que aquel padre malinterpretó su acción con su hijo?
—No lo sé... Se interpretó mal. Yo jugaba con los chicos en los patios y todo eso, no sé si hubo alguna caricia, no lo recuerdo exactamente... Sí recuerdo que una vez a un

chico, uno negro, al que le dije «uy, qué pelo tan bonito...» y le di una caricia, pero no... A mí me parece que no me he propasado nunca.

—¿Le parece?

—Me parece a mí, no lo sé. Yo creo que no. Como tuve ese problema, le dije a la dirección que me quería marchar, que ya no quería dar clases.

Luis Mauri escuchó la grabación de la conversación entera. Cuando terminó, se levantó y volvió para informarnos de que necesitábamos una fotografía de Amador para la portada del día siguiente. Activó a Miguel Lorenzo, fotógrafo que trabaja para el diario en la Comunidad Valenciana.

Lorenzo se presentó en el domicilio de Amador y consiguió que este se dejara fotografiar de espaldas. Desconozco cómo fue capaz de convencerlo. Creo que alcanzó un compromiso parecido al que Josep García había pactado con Benítez: no revelar el nombre del pueblo en el que residía con su familia y tomar una imagen en la que no resultara reconocible. Para garantizar esto último, el fotógrafo me explicó que incluso le cedió su chaqueta.

El profesor abrió una de las ventanas de la casa y se asomó —disfrazado con el abrigo que acababan de prestarle— para mirar la calle en la que había estado escondido desde 1993, cuando fue acusado por Patricia y salió de La Immaculada tratando de huir de sus pecados. Agachado, justo detrás de él, se encontraba el fotógrafo.

el Periódico de Catalunya

sá. 27

PARA GENTE COMPROMETIDA

1,50 €
SÁBADO 27 DE FEBRERO DEL 2016
BARCELONA. TEL. 93.265.53.53
www.elperiodico.com
www.grupozeta.es
DIRECTOR: ENRIC HERNÁNDEZ

al contrataque — El Langui — ANA PASTOR
apunte — Atticus Finch, «el mejor héroe del cine de siempre» — JOSEP MARIA POU
cult — De 'Juego de tronos' a la gran pantalla — Páginas 46 y 47
Hoy — Reloj Poète, por solo 9,95 €

«Era superior a mis fuerzas»

Un exprofesor de los Maristas del Eixample confiesa que cometió abusos en la clase

TEMA DEL DÍA ▶ Páginas 2 a 4 y editorial

EL CUÑADO DEL REY EMPIEZA A DECLARAR EN PALMA
PANORAMA ▶ Página 21

Respuestas en falso

Urdangarin reconoce en el juicio que Aizoon tenía trabajadores ficticios para eludir al fisco

El marido de la infanta, incapaz de explicar los movimientos y los contratos de Nóos

EVASIVAS Y SUDORES. Iñaki Urdangarin empezó ayer a responder las preguntas del fiscal Horrach sin aclarar muchos temas.

MIQUEL ICETA PRIMER SECRETARIO DEL PSC
«Veo muy difícil que al final Podemos se abstenga»
PANORAMA ▶ Página 19

másdeporte
Infantino
El nuevo jefe del fútbol mundial

LAS PRECIPITACIONES, FUERTES EN EL PIRINEO
Alerta en Catalunya por la llegada de nieve hasta en el prelitoral
COSAS DE LA VIDA ▶ Página 32

12

El reclutamiento

Le encantaba jugar a la pelota vasca. Su padre había vuelto herido de la Guerra Civil, y confiar en que sería capaz de alimentarlo durante la posguerra era demasiado confiar. A pesar de contar con tan solo 10 años, a Adrián Becerra le bastó escuchar que, si se iba con aquellos hombres de la sotana negra, podría seguir jugando. En Barcelona, la ciudad en la que viviría a partir de ahora, había «pistas de frontón». No hubo más vocación que aquella cuando se alejó de su tierra y del veterano de guerra que no podía sostenerlo para ingresar en la institución de los Hermanos Maristas en Catalunya. ¿Quién se hubiera detenido a esperar una llamada de la fe con el estómago vacío?

El chico estudió y se convirtió en profesor. Ejerció como maestro en el colegio de Sants, en el de La Immaculada, en el de Igualada, en Madrid, y estuvo destinado casi un año en Roma. Dejó de impartir clase en 1994 y esperó la jubilación en la casa de colonias de Llinars del Vallès, organizando actividades para la orden, hasta 2002. En 2011 se trasladó al Monestir de les Avellanes (Lleida), la residencia que acoge a los miembros de la orden cuando envejecen demasiado. El 26 de febrero de 2016 Becerra tenía ya 78 años y acababa de salir del hospital, tras superar una enfermedad larga que se agravó durante el invierno. Convaleciente y dentro de un cuerpo deteriorado por tanta vida, volvía a esperar en Les Avellanes la sepultura que le darían no muy lejos de allí cuando se apagara del todo. La institución tiene prebendas para muchas cosas, también para enterrar a los suyos dentro de su propio cementerio, ubicado al final de un breve camino que conecta el lugar de retiro —Les Avellanes— con el del reposo eterno. Ese día, a la hora de comer, uno de los cuidadores que trabajan en el centro, se acercó a él y le dijo algo que el viejo llevaba mucho tiempo sin escuchar: «Señor Becerra, tiene una llamada.»

—Hola, me llamo Guillem Sànchez, soy periodista. Trabajo en *El Periódico*...

—Sí... —El viejo alargó la «i» en exceso. Incluso a través del teléfono, me di cuenta enseguida de que estaba hablando con un hombre que sufría algún tipo de insuficiencia respiratoria.

—Le llamo porque he hablado con tres de sus exalumnos, uno de Sants y dos de La Immaculada. Tienen edades distintas porque pertenecen a cursos muy separados entre sí. Todos fueron alumnos de usted. Uno en la década de los setenta, otro en la de los ochenta y la última a comienzos de los noventa...

—Sí... —el segundo «sí» me pareció todavía más exhausto.

—¿Se encuentra bien?

—Sí...

—Verá, lo que trato de decirle es que estas tres personas, dos hombres y una mujer, aseguran que usted abusó de ellas mientras fue su profesor.

—...

—¿Señor Becerra?
—Sí...
—¿Usted abusó de algunos de sus alumnos? ¿Les hizo tocamientos en los genitales cuando eran niños?
—No.
—¿Está seguro? Disculpe la insistencia. Pero es que no han podido ponerse de acuerdo entre ellos y los tres lo señalan a usted. ¿Está completamente seguro?
—Sí...
—Está bien, señor Becerra. Disculpe las molestias.
—Apagué la grabadora.

Adrián Becerra estaba a punto de convertirse en el segundo profesor de los Maristas de la Immaculada denunciado por abusos sexuales. Cuando Luis Mauri me escuchó decirle que no había confesado porque, entre otras cosas, no parecía estar en condiciones de aguantar una conversación telefónica, tomó la decisión de dar un paso más. Al día siguiente, Chusa y el fotógrafo Julio Carbó se marcharon a Lleida, al Monestir de les Avellanes, para intentar hablar cara a cara con Becerra.

No hay ningún otro caso en los Maristas que haya conseguido revelar con más precisión el —mejor— modo que tenía esta orden religiosa de silenciar las alarmas de pederastia que se encendían en sus colegios. Los dos hombres y la mujer que acusaban a Becerra (en 1972, en 1982 y en 1994) en su día explicaron también en casa qué les había hecho. Y sus familias protestaron en la escuela. Las tres veces se resolvió del mismo modo el problema: cambiando al profesor de centro. Mover a un docente bajo sospechas de pederastia era lo máximo que estaban dispuestos a hacer. Lo hicieron con Lucio Zudaire, con Felip y también con Adrián Becerra. En el resto de casos, no hicieron ni eso.

Solo conseguí hablar con el director de un colegio marista una única vez. Lo intenté con cinco diferentes. El único que accedió a atenderme me pidió a cambio que no lo citara. Lo llamé a su trabajo actual, lejos de los Maristas y, tras aceptar sus condiciones, le expliqué que quería saber quién tomaba la decisión de trasladar un docente acusado de pederastia. Esta fuente, no lo dudó: «El vicario provincial.» Cada director tenía autonomía para gobernar en la escuela, pero la decisión de intercambiar docentes entre colegios debía tomarla forzosamente el vicario provincial, me aseguró. Añadió otra cosa interesante. «Si yo me hubiera encontrado con un caso de abusos sexuales, lo primero que hubiera hecho habría sido elevar el problema a la vicaría.» Este exdirector me reconoció que la figura del vicario provincial —la autoridad que trasladaba a los profesores de un colegio a otro— tuvo que estar al corriente de cada caso de abusos sexuales que brotó en una escuela de su jurisdicción porque el director del centro afectado estaba «obligado a informarle». Esta conversación y los testimonios de las tres víctimas de Becerra habían descorrido la cortina.

La primera víctima era Héctor, un funcionario de un ayuntamiento cercano a Barcelona que escribió un correo al diario. Aceptó que nos viéramos cara a cara. Quedamos en una cafetería lejos de Barcelona. Recuerdo que se pidió «un cortadito descafeinado de sobre». Me contó que ya se había olvidado de la cara del hermano que lo tocaba en quinto de EGB. Pero no de su nombre: Adrián Becerra. El funcionario tampoco conseguía olvidar que todas las veces empezaron del mismo modo. La puerta de la clase se abría, asomaba Becerra, decía su nombre y le pedía que lo acompañara.

«Tengo la imagen de la tela negra de la sotana del profesor moviéndose a cámara lenta cerca de mi cara mientras andábamos por el pasillo.» Aquella evocación se había fijado en su cabeza adquiriendo con el paso de los años la textura de la invención. Pero, por irreal que pareciera, sabía que era cierta y que, por lo menos tres o cuatro veces, siguió a aquella sotana oscura por un pasillo que se le hacía «infinito». Terminaban en una habitación. Becerra cerraba la puerta y le pedía que se sentara en su regazo. No dejaba de hablarle en ningún momento mientras le bajaba los pantalones hasta los tobillos y le tocaba los genitales. Héctor entonces tenía 10 años.

Tras cada incidente se encontraba «mal». Cada noche lo atrapaba una vergüenza viscosa. Al final, habló con su madre. La mujer se hizo cargo de todo, también de que su padre no se enterara de nada. Acudió a la escuela y se sentó frente al director del centro de Sants. «No te preocupes, ya está solucionado, no volverá a tocarte», le dijo a su hijo cuando regresó a casa aquella tarde. Al cabo de pocos días, Becerra abandonó el colegio. Tras salir de Sants, Becerra continuó trabajando de maestro en escuelas de Madrid e Igualada. A principios de los años ochenta, ya estaba de vuelta en Barcelona, en el colegio de La Immaculada, en el barrio del Eixample. Aquí abusó de Ivan, durante el curso escolar 1982-1983.

Ivan residía actualmente en el extranjero y, según quiso dejarme claro de entrada, no se fiaba de los periodistas porque los medios de comunicación se habían esforzado mucho en perder toda la credibilidad. Aun así, aceptó que habláramos por whatsapp, primero, y por teléfono, al final, para ponerme al corriente de su experiencia. Le costó concederme la conferencia telefónica porque tenía miedo de que grabara la conversación, tal como sabía que habíamos hecho con Amador Escobar.

—No te estoy grabando, te doy mi palabra, no puedo darte nada más. Si quieres, tú sí puedes grabarme a mí prometiéndote que no voy a registrar esta conversación. Pero poco más puedo hacer, tendrás que confiar en mí.

Confió. Según me contó, todas las veces que Becerra abusó de él se parecieron mucho entre sí: después de un entrenamiento, en el interior del vestuario, sentado a su lado, le bajaba los pantalones hasta los tobillos y manoseaba sus genitales. Había otro detalle que tampoco había podido olvidar y que me llamó la atención porque coincidía con el relato del funcionario: Mientras duraban los tocamientos, le hablaba con voz «suave» para «ganarse» su confianza.

La tercera vez que sufrió estos abusos, Ivan reunió el valor suficiente para hablar con sus padres. O tal vez fuera al revés, tal vez fueron sus padres quienes lograron arrancárselo porque lo veían «triste». De lo que está seguro es que lo contó todo. Ambos acudieron a reunirse con la dirección de La Immaculada. Después del encuentro, le dijeron al hijo que el colegio se había «comprometido a tomar medidas». Becerra también tuvo que dejar esta escuela del Eixample poco tiempo después. «Nos dijeron que se había ido a formar parte de una de las misiones que la orden cristiana tiene en Latinoamérica», recuerda. Sin embargo, la realidad es que Becerra se marchó un año —y quizás algo más— a Roma. Tras este retiro momentáneo, regresó al mismo colegio de La Immaculada. Y siguió dando clases.

Tras contármelo todo, envió un correo al cabo Pau poniéndome en copia para que pudiera comprobar que había decidido denunciarlo. Días después, acudió personalmente a la comisaría para ratificar personalmente la querella.

Durante el curso 1993-1994 tuvo lugar el incidente que —al parecer— apartó definitivamente de la enseñanza a Becerra, cuando contaba 56 años de edad. Esta vez la víctima era una niña. Júlia tenía 12 años, cursaba séptimo de EGB en La Immaculada y sus padres acababan de divorciarse. Sus notas, que hasta la fecha eran una colección «de sobresalientes», empeoraron repentinamente. Su tutor, Becerra, percibió el cambio y «un viernes», cuando finalizaron las clases de la mañana, le pidió que se reuniera con él mientras el resto de alumnos acudía «al primer turno del comedor». Cuando entró en clase, Becerra cerró el aula con llave y apagó la luz. Se acercó a ella y la fue acorralando hasta que su espalda contactó con la pizarra.

«Me preguntaba sobre las lecciones de sexualidad que estaban dando en ciencias naturales», me explicó la tarde que quedamos —Júlia, su madre y yo— en una terraza de la avenida de Gaudí. «Me sacó el pañuelo del pelo, estaba muy cerca, muy encima de mí», recordó. Cuando la mano del enseñante se posó sobre uno de sus pechos, se echó a gritar y huyó corriendo.

La madre, fumando un cigarro de la misma marca que me había dado por fumar a mí últimamente —lo que despertó entre ambos la complicidad absurda de dos personas ensartadas por el mismo gancho a un hábito enfermizo—, me contó que Júlia, tras salir disparada de aquella clase, se presentó en la secretaría del centro para pedir permiso para llamar arguyendo que se sentía «enferma». «Mama, por favor, ven a recogerme, por favor.» Se la llevó de la escuela y escuchó atentamente la descripción del acorralamiento que acababa de sufrir su hija.

—Aquello creo que pasó un viernes. El lunes, fui al colegio.

Por más «asco» que le diera lo que le habían hecho a su

hija, lo más «asqueroso» fue lo que pasó a continuación, al entrar al despacho del director. El jefe de Becerra comenzó por enredar a la mujer hablando de lo difícil que era para una niña de esa edad discernir qué era lo que había pasado. Tiró de tópicos resbaladizos como los de la «imaginación» que tienen los menores. Al percatarse de que no surgía efecto porque la madre tenía claro que lo que le había contado Júlia no era fruto de ninguna fantasía, «cambió de estrategia». La madre dio una calada, expulsó el humo y siguió. «Me dijo que mi hija se lo había buscado, porque vestía de un modo demasiado provocativo.»

Tres profesoras distintas se acercaron durante los días sucesivos de una forma discreta para hablar con ella porque se supo en el colegio que Júlia había acusado a Becerra. Algo que no le resultó barato a la chica, puesto que estuvo en el foco de las burlas de algún tarado con el que le tocó compartir clase. Las maestras le dijeron que su hija decía la verdad. Ninguna de ellas, por el contrario, llegó a hablar con el director. En 1994 los docentes seglares todavía podían perder el trabajo si desafiaban a la institución.

Cuando Chusa y Julio Carbó llegaron al Monestir de Les Avellanes se acercaron a la entrada principal con la sensación de que habrían hecho aquel viaje en balde y de que, en cuanto preguntaran por Becerra, la persona a cargo de la recepción les emplazaría a identificarse y, acto seguido, a abandonar el lugar. No ocurrió así porque en cuanto el enfermero escuchó que alguien preguntaba por Becerra, se alegró mucho. «Vayan a dar un paseo con él, le conviene para coger fuerzas.» Chusa mostró cierto reparo porque habían venido únicamente «para hablar». «Nadie viene nunca a verle, llévenselo a pasear», zanjó el trabajador.

Chusa escribió en su noticia que, durante aquella excursión que el viejo profesor salió a dar con los dos reporteros, andaba con «pasitos cortos pero firmes». Le dio la impresión de que no le gustaba nada rememorar sus años como maestro, «la mayoría en Barcelona», y vio que se quedaba callado cuando le preguntaba por las acusaciones de abusos sexuales. Eran solo «caricias», se explicó al final, pero negó rotundamente que tocara los genitales a algún estudiante. «¿Es un no categórico?», le preguntó por última vez. «Sí», le confirmó. Ni siquiera admitió haber sentado jamás a un menor en su regazo. «No lo hice y no entiendo por qué a otros les podía hacer falta tener a un alumno en el regazo», zanjó.

Becerra también razonó que los traslados de docentes entre colegios eran frecuentes —lo cual es cierto— y negó asimismo que ninguno de los que protagonizó él guardara relación con quejas de familia alguna. Se recordaba como un docente «estricto» que nunca tuvo ninguna queja de sus superiores.

Mientras avanzaban lentamente por el camino que conduce al cementerio, el fotógrafo se retrasó unos metros para robarle alguna imagen. Incluso le grabó un vídeo en el que se le ve dar «pasitos» al lado de Chusa, la única persona del exterior que durante los últimos años había querido pasear junto a él. Nos faltó ánimo para publicar aquella secuencia. Chusa había regresado tocada a la redacción. Me aseguró que creía que el anciano decía la verdad. La escuché y comprendí perfectamente cómo se sentía. La triste realidad, no obstante, seguía siendo que había tres personas de generaciones distintas, que no mantenían ningún contacto entre sí —una de ellas llevaba años residiendo en el extranjero— y que lo acusaban sin ningún titubeo.

En una de las fotografías, que sí salió en las páginas interiores, Becerra está sentado solo junto a una estatua. Tiene la espalda encorvada y da la sensación de haberse convertido en un ser tan exánime como el monumento. Está claro que hizo daño a sus alumnos. Pero a la figura inmóvil de esta fotografía la atrapa la sospecha de que alguien le hizo daño antes a él, cuando soñaba con jugar a la pelota a la vasca, y lo convirtió en lo que era.

el Periódico

de Catalunya — PARA GENTE COMPROMETIDA

ju. 3

TENSA JORNADA DE DEBATE EN EL CONGRESO | TEMA DEL DÍA ▸Páginas 2 a 10, y editorial

De entrada, no

Sánchez pierde la primera votación de su investidura con el apoyo de solo 130 diputados

Rajoy carga contra el acuerdo con C's mientras Iglesias sigue abierto al diálogo

CRÓNICAS DE G. Robles, J. Ruiz, P. Martín, I. Mármol, X. Barrena y J. Fernández ARTÍCULOS DE Juancho Dumall, Antón Losada y Toni Aira

'Supertrump' en el supermartes

El triunfo del populista neoyorquino dinamita a los republicanos PANORAMA ▸ Págs. 16 y 17, y editorial

DE LOS AÑOS 70 A LOS 90, EN BARCELONA

Denunciado otro marista por abusos en dos colegios

▸ La orden se limitaba a cambiar de centro al docente cuando recibía quejas

COSAS DE LA VIDA ▸ Páginas 30 a 32

El hermano marista A. B., ayer.

idealista

13

El terror del recreo

El rumor que había engrandecido el mito del hermano Germán en el colegio de La Immaculada decía que fue expulsado porque mandó una carta de amor a una alumna. El episodio, cierto o no, se situaba sobre la década de los noventa, cuando los Maristas ya habían tomado la decisión de acercarse un poco más a la realidad que aguardaba en el exterior de sus escuelas. La institución quería dejar de ser lo que había sido hasta entonces para ser otra cosa, aunque nadie tuviera del todo claro qué significaba eso. Las clases ya eran equitativamente mixtas, los hermanos religiosos se habían ido apartando de la enseñanza y los profesores seglares comenzaron a ocupar no solo la mayoría de las sillas del claustro sino también algunos sillones de la dirección. Los hermanos se integraron a la Fundación Champagnat, que se convirtió en un reflector espiritual y, al mismo tiempo, en la mejor manera de gestionar el patrimonio acumulado durante más de un siglo. Las escuelas, poco a poco, dejaban de oler a cerrado.

Germán, el profesor expulsado en 1993 al proceder como un pedófilo por vía epistolar, era enseñante de Religión y de Matemáticas. En La Immaculada, no obstante, era mucho más conocido por un sobrenombre cruel —inspirado en un personaje de dibujos animados de la Warner Bros— que de generación en generación hicieron suyo los alumnos que estuvieron a sus órdenes. Un profesor intenso y exigente, casi colérico, dueño del recreo durante el que se desenvolvía como el depositario de la disciplina que veía en peligro de extinción. Dejó buenos recuerdos entre muchos alumnos porque para ellos funcionó estar bajo una autoridad incontestable. Dejó malos recuerdos entre otros porque para ellos se comportaba como un auténtico zumbado que paladeaba cada «puntuación» que imponía. Cuando un alumno acumulaba tres «puntuaciones» (una suerte de advertimientos que él se anotaba cumplidamente) recibía el «castigo de los sábados»: cinco horas —de nueve a dos de esa mañana festiva— «memorizando fragmentos literarios» en pie. No había nadie tan famoso ni más temido que este hermano con más sobrenombre que apellido. Y la bruma que levantó su repentina salida de la escuela, mucho antes de que existieran las redes sociales, llegó hasta el último de sus exalumnos. Aunque nadie podía creer que verdaderamente guardara relación con una carta enviada a una niña.

Había rastro de Germán en publicaciones internas de la organización marista colgadas en internet. Una de estas lo situaba dentro de la plantilla de trabajadores del colegio marista de Rubí, a pesar de que tenía ya más de 70 años. Aparecía como el responsable de mantenimiento. Podía ser porque sus alumnos lo recordaban invariablemente dentro de una bata blanca y arreglando cualquier estropicio que sufriera el mobiliario o a cargo de la limpieza de los baños. Terminar como bedel, cuadraba. Llamé al colegio de Rubí una mañana que había quedado con Manuel Barbero para desayunar de nuevo cerca de la plaza de Sants.

—Hola, buenos días, con el señor Germán.

—¿De parte de quién? —preguntó previsiblemente la recepcionista. Sin embargo, no era fácil responder a esto. Si daba mi nombre y decía que era periodista, no existía ninguna posibilidad de que aquella conversación continuase. Si mentía, había opciones de averiguar lo que pretendía.

—De Manel —mentí.

—Enseguida le paso...

Tampoco había previsto hablar con Germán directamente. Tan solo quería comprobar si trabajaba todavía allí. «Comprobado», pensé. Antes de que Germán se pusiera al teléfono, colgué. Barbero entró en la cafetería instantes después. Se pidió «un trina de naranja». Vaciando el sobre de azúcar dentro de la taza de mi cortado, le pregunté cómo estaba. Se mostró sonriente, más tranquilo que la última vez y con un teléfono en el bolsillo que seguía nervioso pero no tan humeante. De repente, sonó el mío.

—¿Señor Manel?

—Lo siento, se equivoca...

«Mierda.» No se había equivocado, era la recepcionista con la que acababa de hablar y de quien ya me había olvidado. Había presionado el botón que devuelve automáticamente las llamadas entrantes.

—Llamo del colegio marista de Rubí, usted acaba de llamarnos desde este número, ¿no? —preguntó la secretaria, con tono pausado.

—(...) —salí del atolladero como pude—. Sí... he llamado yo... pero ¿por quién pregunta usted?

—Manel.

—Ah!, sí, efectivamente, no la había entendido bien. Dígame —volví a mentir.

—Le paso al señor Germán...

Manuel Barbero contemplaba aquel diálogo estúpido con aire distraído mientras vaciaba el refresco dentro de su vaso de tubo.

—¿Sí?

—¿Señor Germán?

—Soy yo, ¿quién es?

—Hola. Me llamo Guillem, soy periodista, quería hablar con usted para aclarar una información...

Colgó el teléfono. Barbero me preguntó qué había pasado. Le conté que había llamado a una escuela de Rubí porque me había enterado de que allí trabajaba de mantenimiento Germán, un profesor de La Immaculada que, al parecer, fue expulsado por escribir una carta de amor a una chica de EGB.

—Pero, a estas alturas, si llamo a una escuela y digo que vengo del diario se negarán a hablar conmigo, como han hecho en todos los colegios a los que he acudido. Tienen órdenes de la vicaría provincial de no abrir la boca ni para devolver un saludo.

—¿Manel? ¿Por qué has dicho Manel? —Barbero parecía divertido con la situación—. A ver si se van a pensar que he llamado yo.

—Joder, no se me había ocurrido. Espero que no.

—Por cierto, me escribió un mail...

—¿Quién?

—La chica... la chica de la carta.

—No jodas... ¿Existe?

Existía. El rumor era cierto. Se llamaba Gisela y se convirtió en otra de las personas decisivas en esta investigación. Porque ella fue quien me puso en contacto con la tercera víctima de Adrián Becerra (Júlia). Gisela se matriculó con 11 años en el colegio de La Immaculada, en el curso escolar de 1992-1993. Germán no le daba ninguna asignatura a ella.

Pero todos los alumnos estaban bajo su yugo durante el recreo. Enseguida notó que aquel hombre, tan respetado durante la hora del patio, a ella la miraba de otro modo. El profesor se encaprichó.

Germán se empeñó en tenerla cerca. Cuando su proximidad dejó de bastarle, quiso que estuvieran «a solas». Un día le informó de que se había convertido en su tutor y, decorado con esos galones apócrifos, obligaba a Gisela a encerrarse con él pretextando que necesitaba clases «de refuerzo» durante la hora del patio. Ella nunca sufrió «abusos sexuales» pero la obsesión que olía en el docente la asustaba. Tan extraña se sentía que optó por llevar siempre en el bolsillo el compás. Por si necesitaba «usarlo». Con el tiempo, Gisela se fue dando cuenta de que este detalle explica que a sus 11 años ya era consciente de que quedarse a solas con Germán apestaba a una relación contra natura.

A final de curso, Gisela no podía más. Necesitaba escaparse del profesor y buscó cobijo en el único lugar del recinto en el que Germán tenía el acceso prohibido: el baño de chicas. El hermano se alteró porque ya no podía estar con ella. Eso terminó forzando que el profesor le mandara una carta «inapropiada» que la niña encontró en su pupitre. Gisela no hablaba de una carta de amor, hablaba de una carta «inapropiada». Recogió el sobre y se lo entregó a sus padres.

De entrada, estos no creyeron que su autor pudiera ser un profesor de la niña. De hecho, hizo falta que una maestra de la escuela se presentara en su domicilio para convencerlos de que la pequeña decía la verdad. Al saber esto último, traté durante días de contactar con esta docente, que todavía trabaja en La Immaculada. Le mandé correos, busqué la dirección de su domicilio particular, me acerqué al colegio y le dejé mensajes en la academia en la que impartía clases de refuerzo. No sé si le llegaron (supongo que sí), pero ella no quiso hablar conmigo. Me parecía importante encontrarla porque habría permitido explicar mejor que dentro de Sants-Les Corts y de La Immaculada había profesores que, aunque eso implicara arriesgar su empleo, hicieron todo lo posible para proteger a sus alumnos. Por Gisela esta maestra esquiva hizo mucho porque, al aseverarlo ella, a sus padres no les quedó más remedio que creer en que, por descabellado que pareciera, la carta que su hija había encontrado en el pupitre había sido escrita por un hermano marista.

La madre de Gisela me confirmó el relato de esta exalumna punto por punto y añadió asimismo que a partir de entonces esta necesitó «apoyo psicológico». Sus notas en Matemáticas, «excelentes hasta la fecha», bajaron hasta «el insuficiente». Las «clases de refuerzo» a las que fue sometida por Germán durante el recreo eran sobre todo de Mates.

El profesor tuvo que agachar la mirada como hacían sus alumnos durante los castigos del sábado cuando el director del colegio le comunicó que lo trasladaban por enviar una carta de amor a una chiquilla de 11 años. Según parece, se fue al Monestir de les Avellanes y en el seno de este lugar de retiro pasó un período indeterminado. Hasta que volvió a trabajar, al colegio de Rubí.

Gisela me pidió que no publicara la historia de Germán porque consideraba que, rodeada de todos los casos de abusos sexuales que se estaban ventilando en aquella institución, sonaría ridícula, casi frívola. Luis Mauri, mi jefe, estuvo de acuerdo en esperar. Si aquellos eran todos los pecados del hermano, no teníamos por qué publicarlos.

Pocas semanas después, el diario recibió el correo de Alba, una mujer que explicaba que su hermano mayor había sufrido los tocamientos de Amador Escobar de los que hablábamos en el periódico. Al final de ese mail agregaba que ella había vivido un episodio extraño con un tal Germán. Me interesó sobre todo lo segundo. Según me contó cuando quedamos para tomar un café cerca de su trabajo en Barcelona, ella tendría 7 u 8 años cuando sucedió. Fue un día que le dolía «la tripa» durante la hora del patio. «Me llevó a la enfermería, hizo que me tumbara en la camilla, me levantó la camiseta y comenzó a restregarme un algodón con alcohol», detalló. Al poco rato, le desabrochó los pantalones y comenzó a bajarle las bragas. La niña se sintió repentinamente «muy incómoda». Logró huir incorporándose y asegurándole que ya estaba mucho mejor. «Años después» sigue convencida de que la actitud de Germán no era normal.

—¿Vas a denunciarlo?

—No. Tengo dudas acerca de si él hubiera ido más allá si yo no me hubiera marchado. También acerca de si todo lo que terminó pasando era suficientemente grave como para denunciarlo.

—A mí me lo parece.

—Prefiero no hacerlo.

Como Gisela, como casi todas las víctimas de los Maristas, Alba tampoco quería salir en la noticia con nombre y apellidos. Su episodio tampoco bastaba para publicar la noticia de la carta de amor. Una misiva inapropiada o una cura médica ambigua eran sospechosas pero —sin denuncia policial y sin rostros ni identidades completas— seguían siendo argumentos escuálidos.

El gobierno de la Generalitat, mientras duró el escándalo de pederastia escolar, recibía cada lunes un extracto del monto total de querellas que se presentaban por abusos sexuales. Aquella lista, que no especificaba los nombres de los acusados, sí incluía el nombre de los colegios a los cuales pertenecían. Cada lunes, trataba por todos los medios de obtener ese inventario para saber si había más exalumnos que —sorteando a la prensa— se habían acercado a una comisaría. El primer lunes después de la reunión que mantuve con la mujer que había vivido aquel encuentro extraño del algodón con alcohol en la mano de Germán, me enteré de que había una denuncia nueva contra un docente de La Immaculada. Llamé a una persona de confianza dentro de los Mossos d'Esquadra.

—Tenéis una denuncia nueva contra un maestro de La Immaculada...

—No lo sé.

—La semana pasada había dos: contra Amador Escobar y contra Adrián Becerra. Esta semana hay tres.

—Es cierto.

—¿Quién es?

—No puedo decírtelo.

—¿Germán es uno de los denunciados?

—No.

—¿Seguro? Es que creo que tarde o temprano aparecerá algo contra este profesor.

—A ver... seguro... la víctima solo recuerda su apodo.

—¿Su apodo?

—Ajá...

—¿Porky?

al contrataque	Time Out	mañana
¿Cree en la homeopatía?	Pol López, el mejor Hamlet	El libro del programa de TV-3
SILVIA CÖPPULO	Hoy, gratis	'Ja t'ho faràs!', por 9,95 €

1,30 € · VIERNES 11 DE MARZO DEL 2016 · CONSELL DE CENT 425-427 BARCELONA. TEL. 93.265.53.53 · www.elperiodico.com www.grupozeta.es · DIRECTOR ENRIC HERNÁNDEZ

el Periódico de Catalunya

PARA GENTE COMPROMETIDA

vi. 11

BARÓMETRO DEL GESOP PARA LAS GENERALES — TEMA DEL DÍA ▶ Páginas 2 a 4, y editorial

Unas elecciones darían alas al pacto PP-C's

Rivera es quien saca mayor rédito con la repetición de los comicios

REPARTO DE ESCAÑOS
C's 59-62
Otros 2
IU 7-9
Podemos 58-61
PP 107-110
PSOE 88-91
PODEMOS
PSOE 90

Feijóo deshoja la margarita en Galicia

PANORAMA ▶ Páginas 20 y 21

MEDIDAS EXCEPCIONALES

Draghi extrema la lucha contra otra crisis

▶ El BCE reduce los tipos de interés al 0% y comprará más deuda

PANORAMA ▶ Páginas 26 y 27

Fukushima, la herida que no cesa

Quinto aniversario del accidente nuclear en la central japonesa

PANORAMA ▶ Págs. 12 a 15

MEDIDAS EN EL PARLAMENT POR 30 MILLONES

El pleno de la pobreza termina con acuerdo a falta de presupuesto

COSAS DE LA VIDA ▶ Páginas 32 y 33

'CASO NEYMAR'

Bartomeu y Rosell dejan de momento de estar acusados

PRIMERA FILA ▶ Páginas 48 y 49

MÁS CASOS DE ACOSO SEXUAL

Denunciado el marista que mandó una carta de amor a una alumna

COSAS DE LA VIDA ▶ Páginas 34 y 35

14

El último truco

Los carteles de Manuel Barbero habían desencadenado un terremoto con el que se desmoronaron décadas de silencio en los colegios religiosos de los Maristas. Víctimas humilladas que, poco a poco, encontraron durante estas semanas la forma de decir en voz alta secretos que hasta entonces ni siquiera se habían atrevido a susurrar. Exorcizarlos les reportó un alivio que llevaban años esperando. Sin embargo, la membrana legal de la prescripción que protegía los delitos de sus profesores impidió en general que la frustración se desvaneciera por completo. No solo porque nunca los verían sentados en un banquillo de acusados, también porque la ausencia de condenas perpetuaba la duda, que podría volver a aliarse con los pederastas para cuestionar por enésima vez la palabra de las víctimas.

Jota, tras explicar en el diario que Arnold lo había violado durante seis años en Sants, me decía que intuía que este profesor en concreto, resguardado detrás de su cinismo, no habría notado ni las primeras gotas del chaparrón de vergüenza que caía sobre el resto de docentes señalados. «Es como ese ladrón que aparece en las películas y roba la joya de tal modo que, aunque todos saben que ha sido él, nadie puede demostrarlo.»

En parte, no le faltaba razón. Joaquim Benítez lo había reconocido, había pedido perdón y se enfrentaba a un proceso judicial en el que respondería por los abusos que siguieran vigentes. Arnold, en cambio, mantenía que todas las acusaciones eran falsas. Cuando Chusa lo localizó en su casa de L'Hospitalet, incluso llamó «resabiados» a los alumnos que lo habían denunciado. Según dijo, eran fracasos académicos que se inventaban esta farsa para vengarse de él. La fecha de caducidad de sus pecados le permitía hacer todo eso. A los ojos de Jota, Arnold se sabía intocable, y esta sensación al mago tenía que gustarle.

A mí me daba un poco la impresión de que Jota veía a Arnold más grande de lo que era en realidad. Supongo que el sobredimensionamiento de Arnold guardaba relación con las secuelas que vivían en Jota. Había pasado tantos años pensando en su maestro y en su violador, en todo lo que le enseñó y en todo lo que sufrió junto a él, que ahora ya no podía verlo como lo que era —un viejo que viviría escondido el resto de su vida—, y seguía viéndolo como el ogro que lo dominó por completo cuando tenía 8 años.

Ni supe apaciguar nunca a Manuel Barbero para que fuera más cauto, ni tampoco di jamás con la tecla adecuada para convencer a Jota de que ya había ganado. El primero seguía librando su cruzada contra los Maristas —a cara descubierta— llevando al límite su frágil economía y saltando de reunión en reunión con políticos, religiosos y periodistas. El segundo —desde la oscuridad— se sumó a la contienda para asegurarse de que durante la batalla de Manuel terminara cayendo también Arnold. Los dos no llegaron a verse nunca, pero sabían que caminaban en la misma dirección, cada uno con su linterna en la mano, porque no tenían suficiente.

Jota encontró un día después de la publicación de su noticia a una nueva víctima de Arnold. La descubrió leyendo los comentarios que los usuarios hicieron en su noticia. El lector localizado en el foro dejaba caer que él también había vivido episodios similares con el mismo profesor. Además, añadía algunos detalles —como el lugar en el que ocurrieron sus abusos— que a Jota le hicieron sentir que decía la verdad. Pude contactar con este lector porque para escribir un comentario en la versión digital del diario es necesario introducir un correo electrónico en el sistema. Los informáticos me lo facilitaron y le escribí un mail. A los pocos minutos, hablamos por teléfono. Jota tenía razón. Este hombre residía en el extranjero y los trazos de sus heridas encajaban con los que infligía Arnold. El maestro de EGB de Sants, como había hecho para acercarse a Jota, también había seducido a su madre y, como había hecho para enredar a Jota, también había usado trucos de magia para abusar de él. «Mis padres se divorciaron y él se convirtió en una figura que sustituyó a mi padre durante un tiempo.» El lector, al hablar conmigo, incluso se mostró dispuesto a denunciar a su profesor telemáticamente. No solo lo veía desde lejos, porque físicamente estaba muy lejos de Barcelona, sino que también daba la impresión de que aquel recuerdo fastidioso era poco más que eso. Le pasé el correo del cabo Pau y se convirtió en el quinto denunciante contra Arnold.

Durante aquel mes, Jota y yo hablábamos cada vez más a menudo. Él necesitaba seguir de cerca todas las novedades sobre el Caso Maristas. Yo necesitaba tenerle cerca a él porque me asustaba que se desintegrara. Todavía no sabía su nombre y en la pantalla de mi teléfono móvil continuaba apareciendo «teléfono oculto» cada vez que me llamaba. Cuando hablamos por primera vez, me prometió que «nunca» me diría una mentira. Yo le creí. Sin embargo, las agresiones de las que habló en la entrevista habían subido tanto el volumen de los abusos destapados en los Maristas que sobrevolaba el rumor de que podían no ser ciertas.

Jota entró en la comisaría de Les Corts pero nunca llegó a presentar ninguna denuncia contra Arnold. Declaró ante el cabo Pau pero se marchó sin firmar ningún documento. Esto provocó que los Mossos d'Esquadra comunicaran al resto de periodistas que contactaron con el cuerpo policial que —oficialmente— no constaba la existencia de ninguna víctima cuya inicial fuese «J». Yo sabía que él no estaba dispuesto a escribir su nombre en ningún papel porque su prioridad era evitar que terminara salpicando a su familia. Pero, en definitiva, no había ninguna denuncia. Y seguía escondido detrás de una letra. Confiaba en él, pero al final la posibilidad de que Jota me hubiera engañado asomaba. Tampoco había olvidado la anécdota que Luis Mauri me contó a modo de advertencia antes de publicar la historia de Jota, cuando me habló de un error cometido trabajando en *El País* que le hizo entender de golpe que una noticia mal verificada mancha a muchas que son ciertas. Para mí, en Jota acabó cristalizando todo el riesgo asumido al trabajar durante tantos días sobre fuentes de información invisibles.

Que sus llamadas fueran casi constantes fue lo único que, al cabo de unas semanas, logró evaporar del todo el miedo al engaño. No creo que Jota llegara a notarlo, porque él no llamaba para dejarme tranquilo sino porque quería atrapar a Arnold. Y, a los pocos días, surgió una posibilidad de atraparlo. Entre los correos que recibió Manuel Barbero había uno que lo enviaban, según decían, tres chicas que también habían sido víctimas de Arnold. Manejaban fechas mucho más cercanas que las cinco víctimas que habíamos localizado en el diario. Tan cercanas que, dependiendo de la gravedad de los abusos sufridos —si ha existido violencia o intimidación caducan más tarde—, resultaba muy factible que sus casos no hubieran prescrito. Ellas tenían la única llave que podía abrirle la puerta de un juzgado a Arnold. Sin embargo, la noticia no fue para Jota tan esperanzadora como yo imaginaba. Sencillamente a él no le cuadraba que Arnold hubiera abusado de chicas. Aun así, al ver que las chicas no respondían a mis correos, me propuso que les facilitara su dirección de gmail, para averiguar si se sentían más cómodas hablando con otra víctima. Nada de esto funcionó. No dejé de mandarles mails e incluso les recordé que, si lo que contaban era cierto, ellas podían convertirse en un canal a través del cual recibirían justicia muchas más víctimas. Al final, dejaron de responderme. A día de hoy, sigo sin saber si realmente existían y —con todo el derecho del mundo— decidieron no hacer nada o fueron tan solo el pasatiempo de algún capullo.

El silencio de las presuntas chicas, y la ausencia de nuevas víctimas que denunciaran a Arnold, impacientaron a Jota. Su causa era contagiosa, y encontrar el modo de desenmascarar al exprofesor de Sants se convirtió también para mí en casi una obsesión. Fui varias veces al domicilio de Arnold en L'Hospitalet —siempre lo encontré vacío— y averigüé si tenía antecedentes penales o policiales —no los tenía—. Jota, por su parte, cada vez fue depositando más confianza en mí. Me dio su nombre completo, empezó a llamarme sin la marcación oculta y terminó invitándome a comer con su mujer cerca de su casa. Mano a mano, contactamos con extrabajadores de los Maristas —en esto él llegó mucho más lejos que yo— y revisamos toda la información que habían aportado las otras víctimas. Le dimos mil vueltas a todo. Llegados a aquel punto, lo razonable era admitir que ya no podíamos hacer nada más. Él no estaba de acuerdo.

—Lo he pensado mucho. Creo que voy a hacer una locura.

—¿Qué quieres hacer?

—En el diario tendréis cámaras ocultas o micrófonos discretos... quiero grabarlo confesando. Quiero que todos vean a Arnold admitiendo lo que me hizo.

—Joder... no me parece una buena idea.

—¿Por qué?

—Creo que podría salir mal. Creo que podría ser muy duro para ti...

—Consígueme una cámara.

En la Tienda del Espía me atendió un tipo encantador que puso sobre el mostrador diferentes objetos que escondían una cámara oculta. Escogí un bolígrafo que podía colgarse del bolsillo de una camisa o del de una americana. Sobre el clip asomaba un agujero minúsculo —pero ni mucho menos imperceptible— a través del cual el dispositivo de grabación oculto en la estilográfica capturaba todo lo que estaba situado justo enfrente de su dueño. Era alarmantemente asequible (70 euros) y no era fiable, una arruga de la camisa o un movimiento brusco del brazo bastaban para descolocar el bolígrafo y terminar grabando un ángulo sin interés de la habitación y no a la persona de enfrente. Lo compré, descendí las escaleras hasta el exterior de la calle Urgell y lo desenvolví para sostenerlo y observarlo detenidamente. Me pareció estar viendo un artefacto que pertenecía a una trama de Mortadelo y Filemón.

Durante la comida, le expliqué a Jota cómo funcionaba. «Aprieta una vez, se enciende. Aprieta dos veces, la luz te muestra que está grabando. Aprieta una tercera vez, la luz te avisa de que ya no está grabando. Si aprietas por última vez, lo apagas. Y vuelta a empezar. ¡Ah! Muy importante, debe estar bien cargado.» Jota me escuchó en silencio, alargó la mano para recogerlo y se lo guardó en el bolsillo. Mientras lo soltaba dentro de su americana, recuerdo que le oí decir para sí mismo: «Máquina infernal.»

—No tienes por qué hacerlo. Si hay algo, lo que sea, que te da mala espina, te levantas y te vas. ¿De acuerdo?

No me estaba escuchando.

—Creo que me costará dormir.

—No te pongas nervioso. Porque esto no va a salir bien. Lo más probable es que te presentes en su casa y esté vacía. Y si está, no accederá a hablar contigo porque desconfiará de ti, seguro que ha leído tu entrevista en el diario. Y si está y acepta hablar contigo, no confesará. Y si está, habla contigo y confiesa, esta puta cámara estará mirando a Cuenca o se quedará sin batería. Duerme tranquilo. Lo que tú estás haciendo es lo que hace de vez en cuando un futbolista iluminado al que se le ocurre chutar desde el medio campo. Claro que Youtube está plagado de goles así. Pero la realidad es que casi nunca se marcan goles desde el círculo central.

Jota se marchó y supongo que durante la noche pasó todos los nervios que me avanzó que pasaría. Al día siguiente se marchó hacia el pequeño pueblo de Osona en el que Arnold tenía su segunda residencia. Intuía que, si no estaba en L'Hospitalet, estaría en aquella casa. Tras una hora al volante y con la cabeza a punto de estallar, enfiló la calle de su antiguo profesor y lo primero que descubrió fue un viejo Lada Niva aparcado junto a la casa, ese era el coche que conducía Arnold sin camiseta durante las colonias.

Aparcó, se colocó la americana, apretó el botón de la máquina infernal hasta que parpadeó dos veces, respiró hondo y salió del coche. Con el bolígrafo colgado sobre la solapa, se dirigió hacia las escaleras de la entrada principal. Frente a la puerta estudió algunos pequeños detalles en los que reconoció el sello de Arnold. Todas las persianas estaban bajadas, bajo el dintel había algunas plantas muertas y un cuenco vacío de comida para gatos. Aparentemente no estaba en casa. Jota observó que había dos timbres. Había uno perfectamente visible que además tenía encima un cartel con la palabra «timbre» escrita. Al otro lado de la puerta había otro pulsador más discreto. Jota pensó que aquello era típico del profesor. Dos llamadores para que Arnold supiera antes de abrir si el visitante era lo bastante próximo a él como para saber qué timbre tenía que usar. Quizá todo esto estuviera únicamente en la cabeza de Jota. En cualquier caso, él apretó el segundo. Y Arnold apareció.

—¿Me conoces?

—No —respondió Arnold con un gesto tranquilo.

Jota se levantó las gafas de sol.

—Ah, sí —reconoció sin ninguna sorpresa.

—¿Cómo estás? —le preguntó Jota, ofreciéndole su mano para que la estrechara.

Arnold la aceptó. Y le invitó a pasar. Jota entró. Dentro de un salón oscuro, Arnold guardó silencio para que Jota le explicara el motivo de aquella visita. Los dos hombres se observaron. La última vez que estuvieron a solas, Arnold tenía la edad de Jota. Ahora se miraban como lo hacen dos desconocidos, aunque no pudieran dejar de sentir intensamente que se conocían muy bien.

—Voy a marcharme una temporada a vivir al extranjero. He estado visitando a un psicólogo. Que se esté hablando tanto de los abusos sexuales en los Maristas ha reabierto viejas heridas. Necesito cerrarlas...

Arnold lo escuchaba en silencio.

—... Mi psicólogo me ha dicho que tendría que venir a verte antes de largarme.

El anciano seguía callado. Jota no dio más rodeos.

—¿Por qué lo hiciste?

—No lo sé.

—Necesito entenderlo.

—Es que no lo sé. En esa época iba a un barbero que me puso un producto para el cabello.

—¿Cómo dices?

—Sí, entonces usaba un crecepelo... contenía placenta humana... y me pasaron cosas raras. Duró dos años el tratamiento.

—Pero estuviste abusando de mí durante seis años. De verdad, necesito entenderlo...

—Es que ni yo lo sé.

—¿Ni tú lo sabes?

Jota en solo unos segundos de conversación ya había conseguido lo que había venido a buscar. Pero ya no podía detenerse ahí. Para rebajar los ánimos se sinceró y le explicó que volver a aquella casa le estaba revolviendo la tripa. Al terminar la frase, y sin dejar que Arnold dijera nada, terminó el comentario hablando de los abusos que sufrió allí mismo. Volvía a la carga:

—¿Por qué lo hacías?

—No lo sé.

—Abusaste de mí en tantos sitios, en los vestuarios de tenis, en casa, en la sala de pretecnología...

Los dos se quedaron callados unos segundos, en silencio.

—Si me pidieras perdón te aseguro que me quedaría más tranquilo.

—Te lo pido. Si quieres que te pida perdón, te lo pido. Pero no puedo explicarte por qué lo hice.

—¿Hubo más chicos?

—No.

—¿Y lo que ha salido sobre Felip, también es cierto?

—No lo sé. Yo creo que en todo esto lo que hay es mucho alumno rebotado porque los estudios no les fueron bien. Y ahora quieren malmeter. Seguro.

—Pero una cosa es que te vayan mal los estudios y otra muy distinta es que te inventes abusos sexuales.

—Bueno, cuando empezó la «crisis» hubo maestros que comentaron que se habían cruzado con alumnos por la calle que les pedían 5.000 pesetas a cambio de no acusarlos de pederastia.

—No tiene sentido que después de cuarenta años vayan saliendo alumnos a inventarse cosas tan graves. Si quisieran arruinaros la vida lo hubieran hecho antes.

—La explicación es esta —zanjó.

Jota, tal vez tomando conciencia de que aquella sería la última oportunidad que tendría para preguntarle a él directamente todo lo que necesitaba responderse, apretó.

—Después de todas las barbaridades que me hiciste, tiene que haber un porqué.

—No hay ningún motivo.

—Yo tenía 8 años.

Arnold sacudía la cabeza para buscar excusas. Los mismos gestos que habría visto más de mil veces cuando uno de sus alumnos había metido la pata. Si las encontraba, entonces sí, volvía a mirarle a los ojos.

—Veía que eras un chico colaborador en todo. Y me cogió esta vena.

—¿Era el tonto?

—No. Pero contigo yo me sentía también como un crío. Era un juego, cosas que se pueden hacer de crío a crío.

—Un día abusaste de mí incluso cuando estaba convaleciente de una operación. No era ningún juego.

—La verdad es que hice cosas que si las pensara con frialdad ni siquiera yo mismo podría explicármelas.

—Y cuando veías a mi madre, con todo lo que te apreciaba, ¿no te sentías culpable?

—Hubo algún momento en el que intenté contenerme... pero no sé...

—Pero es que fueron cientos de veces. Cientos de veces.

—Estoy muy arrepentido. Te pido disculpas, chico.

—¿Las has contado?

—Qué va.

—¿Pero qué sentías cuando te corrías sobre mí?

—No. Nada. Que era una cosa de críos.

—A un crío no le haces eso.

Arnold no dijo nada más. Jota comprendió que aquella conversación había terminado. Se dio la vuelta y se marchó de aquella casa sin darle la mano a su profesor. Subió al coche y apagó la cámara. Arrancó el motor y le costó abrocharse el cinturón de seguridad con tanto temblor en las manos. Me llamó por teléfono.

—Ya está. Ya he salido.

—¿Estaba? ¿Has hablado con él?

—Sí.

—¿Ha confesado?

—Sí.

—¿Lo has grabado?

—Sí. Creo que sí.

—¿Cuándo podemos quedar?

—Vengo a la redacción. Estoy de camino.

—Vale. ¿Cómo estás?

—Buf... no lo sé.

Una hora después, Jota, con su aspecto arreglado y distraído, llegó al diario. Luis Mauri y Chusa, que todavía no lo conocían, también lo estaban esperando. Ramon Vendrell se quedó afuera para hacerse cargo de la sección. Albalat tampoco estaba, andaría enfrascado en sus tejemanejes judiciales. Los cuatro nos encerramos en un despacho. Metimos la grabación en un ordenador portátil y, con los dedos cruzados porque ahora estábamos en manos de un bolígrafo de Mortadelo y Filemón, pulsé el *play*.

Se veía. Arnold entraba y salía del plano constantemente. Pero al decir las cosas importantes, estaba ahí. Si la calidad de la imagen era mala, el audio era peor, espantoso. Pero se entendía. La confesión de Arnold, filmada de principio a fin. Mientras veíamos la grabación, Chusa le pasó más de una vez la mano por la espalda a Jota. Cuando acabó, nadie supo qué decir. Antes de irse, cabizbajo y asediado por sensaciones contrapuestas, le recordé lo del futbolista iluminado que chuta desde cincuenta metros. «Menudo gol.» Él se rio.

El director del diario, Enric Hernàndez, había creído desde el principio en la manera de llevar el Caso Maristas que estaban coordinando Mauri y Vendrell. Después de ver el vídeo de Jota, pensó que tenía que activar a los servicios jurídicos del diario. Una cámara oculta es algo que cuestiona los límites legales y deontológicos porque detrás de esta hay siempre un engaño para conseguir información. Por más derecho que tuviera Jota a actuar así, lo que había hecho era poner una trampa. Los abogados dieron luz verde a su difusión pero pusieron una condición y dieron una recomendación. Esta última era pixelar la cara de Arnold. La primera era que Jota dejara por escrito que él era el autor de la grabación y que autorizaba al diario a publicarla.

Ese viernes, mientras en los despachos estudiaban los peligros legales, yo estaba de camino a Osona, el pueblo de Arnold. Mauri me mandó allí junto al fotógrafo Albert Bertrán. Quería que habláramos con él. No hacía falta decirle que teníamos su confesión grabada en vídeo. Tan solo que pudiera dar su versión sobre el hecho de que una víctima dijera que había confesado.

Siguiendo las instrucciones de Jota, llegamos a la calle de Arnold. Subimos por las escaleras, vimos las plantas muertas, el cuenco vacío de comida para gatos y los dos timbres. Llamé al más discreto. Arnold abrió la puerta casi desnudo, tapado únicamente con una toalla de baño.

—Hola, somos reporteros de *El Periódico*...

Arnold reaccionó al instante pidiendo que entráramos. Después, cerró la puerta a nuestra espalda y nos contuvo en el recibidor. No nos dejó pasar hasta el comedor en el que había estado Jota el día anterior.

—Hemos venido porque necesitábamos verle. Una compañera del diario ya habló con usted hará cosa de un mes en su domicilio de L'Hospitalet. Entonces a ella le dijo que las denuncias de abusos que había recibido las estaban poniendo alumnos resentidos.

—Sí, esto ya está todo arreglado. He hablado con los Maristas y me han dicho que no me preocupe por nada.

—¿Ha hablado con los Maristas?

—Sí, me han dicho que ya está todo arreglado.

No hay ningún motivo para creer que sea cierto que los Maristas y Arnold hubieran hablado. Tampoco resulta descabellado que hubiera ocurrido.

—No estoy seguro de que pueda afirmarse que todo está arreglado. Ahora en total ya hay tres denuncias contra usted (la de Álex en 1996, la de Jorge García y la del hombre que localizamos a través de los comentarios de la página web). Además hay otros alumnos (Jota y Carlos) que, sin denunciar en la comisaría, han hablado en el diario de abusos terribles.

—Está todo arreglado.

Arnold abrió la puerta y haciendo gala de los modales exquisitos que sus víctimas siempre dijeron que tenía, nos invitó a salir.

Nos fuimos tras haberle dado la oportunidad de valorar las acusaciones de las cinco víctimas. Pero sin haberle preguntado por la confesión. Subimos al coche y cogimos el camino de vuelta a Barcelona. Antes de salir del pueblo, llamé a Mauri.

—¿Le has preguntado por Jota?

—Le he preguntado por las acusaciones. Pero no le he dicho nada del vídeo.

—Se lo tenemos que preguntar (dijo usando ese plural imposible que tanto gusta a los jefes). Dile que ha contactado con nosotros un hombre que asegura que ayer estuvo en su casa y que durante esta visita, según nos ha contado, él confesó.

Dimos media vuelta. Aparcamos junto a las escaleras. Volví a pulsar el timbre discreto. Arnold apareció abrochándose una camisa roja de cuadros. Nos hizo pasar y nos contuvo, otra vez, en el recibidor.

—Ya nos íbamos pero queríamos hacerle otra pregunta sobre algo que no le hemos comentado antes. Hay una víctima que nos ha explicado que ayer estuvo aquí, en su casa, y que usted le pidió disculpas por todos los abusos sexuales que le infligió.

Escuchar esto le alteró. Dio un paso al lado simulando indignación ante lo que acababa de escuchar. Estuvo a punto de perder la calma, pero se mantuvo firme y volvió a negarlo todo con un chasquido de sus labios.

—¿No es verdad?

—No, chico, que no.

—Me ha dicho que vino ayer y que estuvieron hablando aquí.

—Ayer aquí no vino nadie. Estuve casi todo el día en Manlleu y en Vic. Imagínate si estoy seguro de lo que te digo.

—Me lo ha dicho de un modo muy contundente...

—Pues ya lo ves. No estaba aquí, llegué sobre las nueve y media de la noche.

Bertrán y yo nos miramos y regresamos al coche. También yo llevaba el bolígrafo colgado en el bolsillo de mi camisa. No hubo nada de mi grabación que pudiera aprovecharse porque lo que yo obtuve fue un plano secuencia de una pared blanca que duraba tres minutos. En el encuadre aparecía solo un instante Arnold, era el momento en el que se había movido inquieto cuando le dijimos que sabíamos que Jota había estado allí.

Taparle la cara en la grabación que sí había conseguido Jota fue una recomendación del gabinete jurídico que, a petición del propio Jota, valoramos desobedecer. Albalat se tomó muy en serio la tarea de comprobar qué riesgos corríamos al hacerlo. Se pasó todo el sábado contactando con abogados de su confianza para averiguarlo. Cuando me llamó, me aseguró que todos coincidían en que lo más seguro era pixelar su cara. Le hice caso porque en temas legales tenía poco sentido llevarle la contraria.

El domingo por la mañana coloqué sobre el rostro de Arnold un antifaz de píxeles distorsionados que ocultaba su mirada. Después terminé los subtítulos y colgué el archivo en el sistema del diario. Mauri lo revisó todo por última vez y me explicó que noticia y vídeo se publicarían a las cinco de la tarde. En papel saldría al día siguiente, el lunes 7 de marzo.

Cabía la posibilidad de que, tal y como había avisado el director del diario, el entorno no fuera del todo comprensivo ante la publicación de una noticia basada en el uso de una cámara oculta. Me preocupaba que no se entendiera lo que había hecho Jota. Me sabía mal. Él había sufrido mucho durante todo el fin de semana. Especialmente cuando al reloj le quedaban pocos minutos para que se cumplieran las cinco de la tarde. Le sobrecogía la sensación de que su acción iba a someterse a un juicio público que podía no ser favorable. Traté de calmarlo. Le dije que lo que había hecho sería importante, no solo para él, sino también para el resto de víctimas. Le pedí que intentara reconocerse eso. No sé si me hizo caso.

Jota, en el fondo, no había descubierto nada con su viaje a Osona. Él ya sabía todo lo que le había hecho Arnold. Su problema es que, como ocurrió con Manuel Barbero, su historia era tan dura que parecía una ficción. Lo cual era desesperante porque Jota había crecido atormentado por los embustes de Arnold. Estoy seguro de que por eso lo primero que hizo cuando nos conocimos fue prometerme que siempre me diría la verdad, porque intuyó que solo resistiría el camino que estaba escogiendo al contactar con la prensa si se aferraba a ella.

Resistió. Evitó que la ausencia de condenas perpetuara la duda y se aliara con los pederastas para cuestionar por enésima vez la palabra de las víctimas. Y aclaró las líneas que separan los espejismos de las noticias tan malas que solo los periodistas pueden desear que sean de verdad. Jota había desafiado a un enemigo mucho más grande que el anciano al que había conocido yo. Su verdadero tamaño solo pueden imaginarlo las personas que han sobrevivido a ogros como el que lo capturó a él. Es cierto, para vencerlo se valió de un truco tan avieso como los que utilizaba el mago Arnold. No había otra forma de derrotar a un hombre que vivía agarrado a sus mentiras.

el Periódico
de Catalunya
PARA GENTE COMPROMETIDA

lu. 7

1,30 € · LUNES 7 DE MARZO DEL 2016 · CONSELL DE CENT 425-427 · BARCELONA. TEL. 93.265.53.53 · www.elperiodico.com · www.grupozeta.es · DIRECTOR ENRIC HERNÁNDEZ

«Era como una cosa de críos»
Un acusado de abusos en los Maristas confiesa ante su víctima en una grabación con cámara oculta
TEMA DEL DÍA ▶ Páginas 2 a 4

NUEVO INTENTO CONTRA LA TRAGEDIA EN LAS FRONTERAS
PANORAMA ▶ Páginas 12 y 13, y editorial

Los refugiados ponen a prueba a Europa otra vez

La UE y Turquía celebran hoy una cumbre para frenar la crisis de los desplazados

Los gobiernos buscan una política común tras los acuerdos incumplidos

Unos refugiados se lanzan a recoger leña en Idomeni (Grecia). AP / VADIM GHIRDA

El PSOE vislumbra las elecciones por el bloqueo con Podemos
PANORAMA ▶ Páginas 16 a 18

El Barça se muestra arrollador en Eibar (0-4)
PRIMERA FILA ▶ Páginas 42 a 45

la firma al contrataque
En busca del 'trending topic' perdido
JORDI ÉVOLE

COMPRAMOS EDIFICIOS EN TODA BARCELONA
MKPREMIUM · THE BUILDING PROVIDER
T 935481403 · info@mkpremium.com

15

El desenlace posible

—¿Por qué hay pederastas?

El catedrático de Psicología entrecerró los ojos y llenó de aire los pulmones lentamente en un gesto con el que ganó tiempo para concretar una respuesta.

—Lo que quiero decir es... ¿Qué los convierte en pederastas?

Antonio Andrés Pueyo había seguido con atención el Caso Maristas. Su despacho estaba en lo alto de un edificio universitario de seis plantas en el Campus Mundet, un terreno encaramado hacia el parque de Collserola, el palco vegetal desde el que se contempla todo Barcelona. Detrás del escritorio en el que acostumbraba a recibir a los estudiantes, comenzó aclarándome que la ciencia no tiene una explicación definitiva a esa pregunta. Sin embargo —añadió— los estudios concluyen que los pederastas habitualmente reúnen tres características que explican en parte esta desviación. «La primera» es que muchos de ellos han sufrido abusos sexuales en la infancia y esos contactos prematuros provocan que asocien la obtención de placer sexual con encuentros entre un adulto y un niño. «La segunda» es que su forma de razonar se ve enturbiada por una fuerte distorsión cognitiva que les impide ver las cosas tal como son. Se convencen a sí mismos de que actúan como lo hacen porque quieren a los niños y sustentan esta creencia sobre argumentos falsos: «No les estoy haciendo ningún daño», «tener sexo con menores será normal dentro de unos años», «esta sociedad es demasiado hipócrita», «si no les gustara no volverían conmigo»... El mecanismo que activan para camuflar la realidad no se aleja en exceso del que utiliza un alcohólico para negar su adicción. «La tercera» característica guarda relación con la propia reiteración de los abusos. Posiblemente el primer día comenzaron abusando de los menores con miedo al inicio y con remordimientos al final. Pero pronto lo normalizaron, porque les da placer y porque —mientras nadie les pare los pies— no deben afrontar consecuencias negativas por ello. «Es el refuerzo de una conducta que les resulta gratificante.»

—La mayoría de víctimas no se convierten en pederastas...

—No. Supongo que la segunda característica es la clave para evitarlo.

—¿Algún día la sociedad aceptará el sexo con menores?

—No. Claro que no. Porque sabemos que eso les hace mucho daño a los niños...

Para dilucidar con firmeza esta última cuestión, separó la espalda de la silla y me miró fijamente.

—... eso no ocurrirá nunca. Por leves que sean las secuelas, en el mejor de los casos tener sexo con un menor siempre atenta contra su libertad sexual, justamente porque sexualmente es una persona que todavía no está madura.

Antes de irme, le avancé que me quedaban «dos cosas más» por preguntarle. «¿Los profesores que estaban siendo denunciados en los Maristas, cumplían estos tres requisitos?» El doctor Pueyo asintió. Pero necesitó matizar la respuesta para esbozar un perfil más exacto. «Son pederastas integrados crónicos.» Muchos de ellos eran miembros «destacados» de su comunidad. Esta apariencia prestigiosa nublaba la visión de los que deberían haberlos descubierto. Es frecuente que en estos círculos «se desdeñen los indicios» de pederastia porque inquirir puede tener un coste durísimo. Cunde el pánico entre los padres, se pringa de sospecha sempiterna a un hombre que podría ser inocente y se menoscaba la imagen de la institución. Es demasiado tentador desestimar unas señales de alarma que «se verían nítidamente» si quisieran verse. El problema de fondo es que si estos pederastas integrados prosperan dentro de la comunidad cuando ostenten cargos de dirección tenderán a ser especialmente tolerantes ante compañeros que cojeen de la misma pata, o directamente sus cómplices. (Me acordé entonces de que el subdirector actual de Sants-Les Corts estaba entre los denunciados.) Pareció que el psicólogo intuyó en qué estaba pensando porque se apresuró en aclararme que en los colegios Maristas no había pasado nada que no estuviera pasando al mismo tiempo en otros colegios. Si se hiciera un estudio epidemiológico serio echando la vista atrás en todos los colegios —no solo los religiosos, me remarcó—, las cifras que se obtendrían «serían muy elevadas». Es un problema «que sigue siendo muy grave». Hay pocos programas para tratar a los pederastas, y muchos de ellos quieren ser tratados. Porque sienten el impulso y desean controlarlo. No es un tema nada sencillo. Tampoco lo es para la sociedad proteger a los menores. «Tendrías que leerte el libro de Carles Porta *Li deien pare*», me aconsejó. El caso del pederasta de Castelldans (Lleida) —David Donet, un hombre de 51 años que ha sido condenado a más de veinte años de prisión por abusar de los menores tutelados que la Generalitat de Catalunya le había confiado— evidencia que un agresor meticuloso siempre sabrá cómo esquivar las prevenciones que se tomen.

Con aquella observación, concluyó la entrevista. Metí la libreta en la bolsa, recogí el casco del suelo y me levanté de la silla. «¿Eran dos cosas más las que querías preguntar, no?», me preguntó. Sonreí. Sin volver a sentarme, le hice la pregunta que en el fondo más me inquietaba:

—¿Crees que alguna de las víctimas con las que he hablado me habrá mentido?

—Estadísticamente es probable que haya alguna, sí. Lo cual no quiere decir que si te ha mentido lo haya hecho a propósito. Hay adultos que no recuerdan los abusos sufridos de pequeños y otros que equivocadamente están seguros de haberlos sufrido.

Le agradecí su ayuda, salí del despacho, bajé las seis plantas a pie y descendí con la moto hasta la nube de contaminación que envuelve la ciudad.

Vicki Bernadet es una mujer que creó una fundación que llevaba más de veinte años atendiendo a víctimas de abusos sexuales. Una duda constante que expresaban los lectores en cada información que publicábamos era por qué los alumnos no habían delatado a sus profesores la primera vez que los tocaron. Vicki también había sufrido abusos en la infancia. Se había mantenido al margen de la algarabía informativa y pensé que, tal vez, sería interesante hablar con ella. El encuentro fue en la sede que esta fundación tiene en el barrio de Les Corts. Preparó dos cafés que sirvió sobre la mesa de reuniones y me avisó de que charlaríamos solo de manera informal. Cada vez le costaba más aparecer en los medios de comunicación.

Vicki me explicó que, en general, había una falsa presunción acerca de cómo se recibe una revelación de abusos sexuales. «¿Crees que toda tu familia y que todos tus amigos te abrazarán cuando les cuentes que han abusado de ti?» No funciona así. Porque frecuentemente lo que termina pasando es que «te dan la espalda». El problema de este tipo de delitos es que casi siempre los comete alguien muy cercano a la víctima, tan querido como esta. Y creer a la víctima implica admitir que «un padre, un hermano o un tío» no son lo que parecen. Lo más fácil, me avanzó, es cuestionar a la víctima, dudar de lo que dice.

Es injusto porque un informe de Save the Children concluía en 2012 que lo que debería hacerse frente a estas situaciones es todo lo contrario: creer al niño porque «raramente inventan historias de abuso sexual». La fabricación fraudulenta de episodios que incluyen este tipo de violencia por parte de críos es «muy escasa».

Los menores no solo entrevén que no será fácil que les crean, también tienen otros motivos de peso para mantener la boca cerrada. Este trabajo de la ONG explica que las situaciones de violencia sexual «paralizan y asustan al menor». A menudo, porque el propio agresor se toma muchas molestias en asegurarse de que la víctima no lo delatará.

Además del «miedo», están «la vergüenza y la culpa». Pocas personas saben más sobre esto último que el pianista James Rhodes, autor del libro *Instrumental*, en el que describe las violaciones que sufrió de pequeño y las feroces secuelas que le comportaron. Por eso, al terminar una entrevista con *El Periódico* ofrecida en Madrid, rememoró la escena final de la película *The Good Will Hunting* (*El indomable Will Hunting*). Transcurre en el despacho de Sean, el terapeuta encarnado por el fallecido Robin Williams, justo cuando terminan las sesiones que ha hecho con Will

(Matt Damon), un joven superdotado intelectualmente que, sin embargo, no es capaz de superar las heridas que le dejó el maltrato infantil. Sean se va acercando y le dice: «Esta mierda —levantando la carpeta que guarda los documentos médicos que acreditan las palizas— no fue culpa tuya.» Rhodes, un referente mundial en la lucha contra esta plaga, aseguraba que a todas las víctimas de abusos sexuales —al fin y al cabo, primos hermanos de la violencia física— les diría lo mismo que Sean le repite a Will: «No fue culpa tuya, no fue culpa tuya.» Es una película valiosa, y esta secuencia a la que se refirió Rhodes, que termina con el inescrutable joven ahogado en un llanto que no sabe reprimir, es sencillamente inolvidable.

—En el caso de los Maristas, los pederastas eran profesores del colegio. No pertenecían a la familia de los chicos. Podían hablar con sus padres sin miedo a que les dieran la espalda. De hecho, muchos lo hicieron —le rebatí a Vicki Bernadet.

—Lo que puede pasar en estos entornos es que la escuela imite el comportamiento de una familia y escoja el camino más fácil: confiar en uno de sus profesores y desconfiar de uno de sus alumnos.

Quizá cueste de creer que esto siga pasando en 2016. Pero resulta mucho más sencillo imaginarlo durante la dictadura y, en menor medida, durante la Transición y los primeros años de la democracia. Si hubo tantos alumnos que sufrieron abusos sexuales pero no abrieron la boca y decidieron cargar con el peso de toda esa mierda —sobre la misma espalda diminuta que sostenía la mochila con los deberes— fue porque tenían una buena razón para actuar así: nadie quería escucharlos.

El olvido

La sociedad española empezó a proteger a los menores a partir de 1995, con la redacción del primer Código Penal que los juristas coinciden en que puede considerarse democrático. Hasta ese año, el Congreso de los Diputados se había conformado con solventar urgencias aprobando parches para un conjunto de leyes creado en 1973. La inmensa mayoría de los abusos sexuales que cometieron los profesores maristas tuvieron lugar dentro de un marco legal enteramente franquista al que le traía sin cuidado que un adulto pudiera meterle mano a un niño.

La carta magna de la delincuencia ni siquiera hablaba de abusos sexuales. Seguía vigente el concepto de abusos deshonestos, que recogía toda la casuística de agresiones de carácter sexual que no incluyeran el coito violento. Se trataba de un concepto descaradamente machista dado que una mujer, para acusar a su agresor, en primer lugar tenía que acreditar que su honestidad era irreprochable. Todas las que a los ojos de la época fueran sospechosas de golfear, lo tenían difícil para denunciar a sus agresores. Sobre el delito de adulterio, por ejemplo, el artículo 499 decía literalmente esto: «Cometen adulterio la mujer casada que yace con varón que no sea su marido, y el que yace con ella, sabiendo que es casada, aunque después se declare nulo el matrimonio.» Es decir, si el hombre desconocía que la mujer estaba casada, aunque él sí lo estuviera, no estaba cometiendo adulterio. La mujer, en cambio, si se acostaba con cualquier hombre que no fuera su marido, sí. Si el hombre tenía relaciones con otras mujeres fuera de su hogar y con la discreción necesaria, tampoco cometía ningún adulterio. La mujer, en cambio, si entraba en contacto con un falo que no fuera el de su marido, independientemente del contexto o de la frecuencia de sus deslices, sí.

La mujer no importaba tanto como el hombre en 1973. Pero los niños importaban incluso menos que la mujer. En este Código Penal, que no dejaba de reflejar mejor que cualquier otra cosa todo lo que estaba dispuesta a perseguir esa sociedad, no había apenas alusiones a los abusos a menores. Sí los contemplaba como «estupro», una violación cometida por alguien del entorno cercano. Pero siempre dirigido a mujeres. Si era descaradamente machista era indescriptiblemente homófobo. Por eso no había en él nada que contemplara encuentros entre personas del mismo sexo. Solo un artículo aludía tangencialmente a esa descabellada posibilidad, el 430. «El que abusare deshonestamente de persona de uno u otro sexo (...) será castigado con la pena de prisión menor.» Aunque tampoco lo hacía para castigar explícitamente un abuso sexual de un hombre a un menor, como estaba ocurriendo en los colegios maristas de la época. O en cualquier otro colegio. Si una familia hubiera tenido arrestos para desafiar tantas adversidades y recursos para llevar a juicio a un docente pederasta, todo lo que hubiera conseguido habría sido que le impusieran una multa de entre 5.000 y 50.000 pesetas.

Cosas tan graves como las que sufrió Jota con Arnold, prescribían a los pocos meses de haberse producido. Las felaciones, que actualmente se consideran una vía de acceso carnal tan grave como la penetración vaginal o anal, no podían ser un delito de «estupro» —penado ya entonces con un ingreso en prisión de muchos años— sino que formaban parte de los abusos deshonestos. Ni siquiera Álex, que denunció a Arnold en 1996, anduvo cerca de procesarlo. Ese año, el Código Penal ya dejaba a las víctimas más espacio de tiempo para denunciar y pulsaba el cronómetro a partir de la mayoría de edad de las víctimas. Pero uno de los fundamentos de derecho españoles aclara que ninguna modificación legal será aplicable retroactivamente si perjudica al reo. Todas las denuncias que se presentaron contra docentes que describían abusos acontecidos antes de 1995 judicialmente valían menos que el papel en las que habían sido impresas.

A partir de 1995, la cosa cambió radicalmente. Por primera vez se describían los abusos sexuales a menores y se aclaraba que cualquier contacto sexual con una persona menor de 12 años —niño o niña— se consideraba un delito. A partir de aquí, las penas se han ido endureciendo con el paso del tiempo y la edad mínima para mantener relaciones consentidas también se ha ido incrementando. En España el sexo con un menor de 16 años se castiga con entre 2 y 6 años de cárcel. Si existe violencia o intimidación, se eleva a entre 5 y 10 años. Si hay penetración vaginal, anal o bucal, entre 8 y 12 años, y si esta se fuerza agresivamente, entre 12 y 15 años. En 1995 la sociedad española decidió que quería luchar contra los abusos sexuales a menores. Sin embargo, al no excluir este tipo de delitos del régimen de prescripción que atañe a la mayoría de penas, también echó el cerrojo para no tener que saber qué había pasado hasta entonces, para que nadie que los hubiera cometido antes de ese día tuviera que pagar por ellos, para no tener, en definitiva, que recordar.

EL PODER

¿Era razonable creer que la ausencia de abusos sexuales desenterrados en la Iglesia española se debía a la inexistencia de estos? ¿Habían ocurrido en países como Estados

Unidos, Irlanda o Australia, y no aquí, con más de cuarenta años bajo un yugo franquista que otorgó al clero un control absoluto sobre los menores?

En los colegios maristas —y en otros centros similares— se daban todos los ingredientes necesarios para que el caldo de cultivo fuera idóneo para los abusos sexuales. Había hermanos religiosos y respetados que posiblemente habían sufrido abusos de pequeños, estos se sentían impunes al perpetuar esta cadena maligna porque pertenecían a una orden católica cuando la Iglesia seguía siendo intocable y el entorno legal no castigaba aquellas conductas porque casi nadie era capaz de reconocer que existían.

Hay una anécdota protagonizada por un grupo de amigos internados a principios de los sesenta en el colegio marista de Girona que ilustra bien el pacto de silencio que imponía aquel tiempo. Me la contó uno de ellos y sucedió en un edificio ya derruido que disponía de aulas para las clases y de habitaciones enormes con camas en las que dormían unos doscientos niños. La anécdota es la siguiente. Hubo una ocasión en la que estos chicos observaron que los abusos de un profesor a uno de sus compañeros sobrepasaron el límite de lo que ellos consideraban «normal». Vieron que se estaba encarnizando con el crío hasta tal punto que comenzaron a sufrir por su integridad. En grupo, se fueron a hablar con el cura que guiaba a los hermanos. A este sacerdote le pidieron que mediara para que el pederasta dejara en paz al niño. El cura los escuchó y después sacudió la mano para sacárselos de encima. En realidad, me aclaró este exalumno, ellos no le estaban diciendo algo nuevo. Que había algunos hermanos —«no la mayoría»— que «tocaban» lo sabían tanto los alumnos que pernoctaban allí como aquel cura.

A menudo se hacía evidente por la mañana antes de que

comenzaran las clases, cuando los pupilos internos y los hermanos maristas celebraban una misa conjuntamente. Siempre había algún enseñante que no se levantaba de su sitio para comulgar, que se quedaba sentado en su banco en lugar de ir a recoger la hostia. Eso quería decir que «estaba en pecado» y que no podía recibir el cuerpo de Cristo hasta que se confesara. No necesariamente había pecado con un chico. Pero «entraba dentro de lo probable» que así fuera.

El cura, en cualquier caso, lo sabía tan bien como los alumnos porque a él se lo terminaba contando el propio abusador. Porque los pederastas no pagaban por sus pecados ante la ley, lo que hacían era purgarlos a través de la penitencia tras la confesión.

El sistema de absolución de los pecados a través de las confesiones también funcionaba como algo que durante los ochenta y los noventa permitía a las direcciones de los colegios maristas seguir adelante sin tomar ninguna decisión. Si los jueces no los perseguían y la confesión bastaba para evaporar las responsabilidades morales, ya solo quedaba ventilar con mano izquierda las contadas visitas de padres engorrosos que se presentaran a pedir explicaciones. Cuando no se trataba de un hermano religioso, como Amador Escobar, tras muchas quejas, quizás incluso fuera destituido. Si era un miembro marista, sería tan solo trasladado. Centros a los que derivar las ovejas más extraviadas había de sobra en esta orden. Es una comunidad educativa con infraestructura de empresa multinacional.

Esta hermandad religiosa se fundó en Francia en 1817 y entró a España construyendo su primera escuela en la ciudad de Girona. La dimensión que alcanzaría durante el siglo XX la convirtió en una de las marcas educativas más poderosas del planeta. Actualmente hay escuelas, universidades o misiones benéficas en 81 países de los cinco continentes. Forman a una comunidad que atiende a más de 600.000 niños y jóvenes de todo el mundo. Se dividen en cinco provincias gigantescas que lidera un Superior General afincado en Roma. Las escuelas catalanas, agrupadas en la Fundación Champagnat —el apellido de su fundador—, son influyentes. Lo prueba el hecho de que este jefe supremo actualmente también es catalán, Emili Turú. Esta fundación católica no debe rendir cuentas ante la Archidiócesis de Barcelona ni ante la Conferencia Episcopal Española. Las rinde directamente ante el Vaticano. Por eso Manuel Barbero le mandó varias cartas al papa Francisco para informarle directamente de los casos que se estaban destapando en escuelas maristas de Barcelona. El papa Francisco, que ha contactado con diversas víctimas de abusos sexuales de la Iglesia para disculparse personalmente y se ha mostrado inequívocamente crítico contra estos delitos, no se ha pronunciado todavía sobre el Caso Maristas. Manuel Barbero sigue esperando una respuesta a sus cartas.

Existe más de una posible respuesta para explicar por qué la Generalitat de Catalunya se mantiene también al margen y, a diferencia del Ayuntamiento de Barcelona, no se ha personado finalmente en la acusación popular contra Joaquim Benítez. Una es que, a pesar de que los diputados del Parlament aplaudieron a Manuel y a su esposa Eva al aprobar una moción contra los abusos sexuales, el gobierno catalán no desea importunar a esta orden educativa porque sigue siendo hoy tan poderosa como lo era antes. Otra es que no lo hace porque —legítimamente— piensa que no es justo que solo estas escuelas hayan sido objeto de un escrutinio acerca de los delitos sexuales que se cometieron en su interior en épocas pretéritas. Digo que es legítimo pensarlo porque el propio Código Penal impide perseguir cosas que no estuvieran explícitamente prohibidas el día en que fueron cometidas. También porque para actuar contra los Maristas quizá debería conocerse antes qué ocurrió en el resto de escuelas, no solo en las que controlaban ellos. Durante los días más intensos de la crisis incluso llegó a plantearse la posibilidad de retirar el concierto económico a las escuelas maristas. Pronto se descartó. Posiblemente porque ello acarrearía atentar contra el puesto de trabajo de profesores sin vínculo alguno con los abusos denunciados o su ocultación, y también contra las plazas de miles de alumnos escolarizados que tendrían que buscarse otro lugar para estudiar. El Ministerio de Educación y el gobierno español, que no tienen reparos en invadir las competencias autonómicas cuando les molesta la lengua catalana, tampoco han dicho nada al respecto. Nada. En definitiva, el sistema político se removió cuando estalló el escándalo porque la indignación ciudadana le obligaba a removerse, pero, superado el calentón, demostró enseguida que poco más quería —o podía— hacer.

Manuel Barbero me explicó que, durante una reunión mantenida con una consellera del gobierno catalán en el Palau de la Generalitat, esta le reconoció abiertamente que con la eclosión de nuevos casos se vieron «superados». Es fácil de imaginar. Acudir a la manida metáfora del iceberg es habitual para explicar que las denuncias de abusos sexuales son solo la parte visible del problema y que, como ocurre con el 90% de la isla flotante de hielo sumergida, la dimensión real no llega a conocerse. Durante esos días, de alguna manera, el iceberg de abusos sexuales emergió y dejó que se intuyera por primera vez su verdadero tamaño. Ni los periodistas, ni los profesores, ni los policías, ni los jueces, ni tampoco los políticos estaban preparados para eso.

Sobre la Transición se dice que fue un pacto que también consistió en no recordar. Durante los últimos años, no han faltado las voces que han vindicado la necesidad de hacerlo. De no olvidar a todas las víctimas de la Guerra Civil y de la dictadura que la siguió. No solo para no traicionarlas sino porque olvidarlas implicaba no aprender ninguna lección. «¿Y con toda la represión sexual de la época? ¿Por qué no se ha hecho lo mismo que con la memoria histórica?», se preguntaba Eduard Pladevall, un escultor que salió públicamente en «Els Matins» de TV3 para explicar los abusos sexuales que sufrió en un colegio marista de Vic.

En una entrevista posterior me aseguró que creía que un profesor que reprimiera su sexualidad no podía estar preparado para enseñar. Tal afirmación entroncaba con un debate que subyacía del escándalo de pederastia. En el fondo, tal como pasa con todos los casos de abusos sexuales que salpican a la Iglesia católica —en todo el mundo—, el hecho de que los hermanos maristas (que no eran sacerdotes) no pudieran mantener relaciones sexuales aparecía como la causa principal de que su desviación sexual fuera la consecuencia de una represión malsana. Una válvula errónea a través de la cual el organismo expulsaba el vapor del deseo acumulado.

Lo cierto es que casi la mitad de los profesores denunciados eran seglares y, por lo tanto, podían tener relaciones. También lo es que, por el contrario, la mayoría eran célibes. Saber qué parte de responsabilidad tiene la represión sexual en todo esto es casi imposible. Por el mismo motivo, no resulta tampoco fácil aventurar cuántos de los profesores denunciados tenían una irrefrenable atracción pedófila por los menores y cuántos sencillamente decidieron desahogarse con ellos porque eran poco más que un juguete del que podían disponer. En la misma dirección en la que apuntaba Pladevall, sí parece lógico asumir que la hipocresía necesaria para negar públicamente las necesidades sexuales tenía que guardar alguna relación con la elección de saciarlas clandestinamente con los más débiles.

El bullicio desencadenado por culpa de Joaquim Benítez y gracias a Manuel Barbero iba de todo esto, de hablar sobre el pasado que nadie quería recordar. Ocurrieron cosas como la llamada que descolgó en directo el presentador del *magazine* matinal «El Món a RAC1», Jordi Basté —especialmente implicado en esta causa—, durante la que un hombre explicó el calvario al que le sometió un profesor mientras estuvo internado de crío en un colegio de la Salle de la Vall d'Aran (Lleida). Fueron semanas durante las cuales el maltrato sexual infantil, también el que escondían colegios sobre todo religiosos pero no solos maristas, se convirtió en noticia en todos los medios de comunicación. El exorcismo social pendiente se liberó. Y comenzó a discutirse sobre la prescripción de los abusos a menores.

La culpa

Hay muchas cosas que no fui capaz de entender durante aquella tormenta informativa. Posiblemente ya nunca lo haga. Pero hubo una que finalmente sí me pareció aclarar. Era una duda que había surgido la primera vez que hablé telefónicamente con una víctima de Joaquim Benítez (fue con Miguel, el del acento extraño) y que siguió apareciendo a partir de entonces en otras ocasiones. Emergía cada vez que pensaba en que no cuadraban las secuelas que algunos hombres me aseguraban haber sufrido y lo que estrictamente les habían hecho para provocárselas: caricias en los genitales. La resolución a ese dilema me la contó Robert, un hombre de casi 40 años que quiso compartir conmigo una experiencia que vivió en un colegio católico de Barcelona que no pertenecía a los Maristas. Logró que comprendiera al fin por qué incluso los abusos aparentemente más inocuos habían causado tanto dolor. Hasta entonces ninguna víctima lo había verbalizado de aquel modo. Nunca llegué a informar sobre la historia de Robert dado que no se decidió a presentar una denuncia policial y no aparecieron tampoco más víctimas que acusaran al cura que abusó de él. Pero escucharle cambió para siempre mi manera de mirar los atropellos sexuales.

Sentados en una terraza de una cafetería de Barcelona, Robert —con la vista perdida en mi cortado— empezó por describirme qué le pasó de pequeño. Brevemente: un cura lo sacó de la clase, se lo llevó a una habitación para confesarlo, lo sentó en su regazo y mientras estuvieron juntos, unos 10-15 minutos, le acarició superficialmente los genitales. No pasó nada más. Robert había tenido una vida sentimental plena, con diversas parejas —siempre mujeres, me remarcó—. Pero no conseguía borrar aquel encuentro con el capellán. «No sé por qué sigue acudiendo a mi cabeza, no tendría ningún problema en reconocer que soy homosexual si lo fuera, pero el problema es que no lo soy y, aunque me cueste aceptarlo, la verdad es que, de vez en cuando, sigo teniendo fantasías sexuales extrañas que guardan relación con lo que pasó en aquella habitación.»

Lo escuché en silencio porque no podía aportarle nada mínimamente sensato. Si dije algo, no lo recuerdo porque es absolutamente prescindible. No lo es, por el contrario, la respuesta que él mismo se dio a las cavilaciones que lo perseguían. Tanto tiempo escuchando lo de la «vergüenza» y lo de la «culpa» y nunca, hasta que lo dijo Robert, había sido capaz ni siquiera de intuirlo:

—Supongo que el problema es que, al final, que alguien te toque los genitales, sea quien sea, es agradable.

«Agradable». Usó la palabra «agradable».

Los datos de la ONU dicen que una de cada cinco mujeres y uno de cada diez hombres han sufrido abusos sexuales durante la infancia. Un informe del Síndic de Greuges presentado en otoño de 2016 sitúa este porcentaje en un 15% de todos los catalanes y concluye, basándose en los atestados policiales de los Mossos d'Esquadra que una de cada tres víctimas de violencia sexual es menor de edad. Los estudios aclaran que factores como el grado de proximidad del agresor, la duración de los abusos o la gravedad de los mismos son determinantes en el tipo de secuelas que imprimen. Estiman que en un 80% de los casos el pederasta es alguien del entorno más cercano. También dicen otra cosa: que el mismo abuso infligido a dos personas distintas produce daños diferentes. Es imposible generalizar y sentar cátedra sobre qué sienten todas las víctimas, porque cada una lo digiere de un modo distinto.

Un artículo del *Journal of Pediatric Health Care*[1] explica que las mujeres pueden manifestar depresiones o desórdenes alimentarios y que los hombres tal vez caigan en conductas autodestructivas vinculadas al alcohol y a las drogas. Otro del *American Journal of Preventive Medicine*[2] mantiene que las consecuencias que dejan en hombres y muje-

---

1. G. Hornor, «Child Sexual Abuse: Consequences and Implications», *Journal of Pediatric Health Care*, 24(6), 2010, pp. 358-364.

2. S. R. Dube, R. F. Anda, C. L. Whitfield, D. W. Brown, V. J. Felitti, M. Dong y W. H. Giles. «Long-Term Consequences of Childhood Sexual Abuse by Gender of Victim», *American Journal of Preventive Medicine*, 28(5), 2005, pp. 430-438.

res son en realidad «muy similares». Un tercero, del *Clinical Psychology Review*,[3] aconseja a los terapeutas que al tratar a los adultos con trastornos mentales o problemas de salud originados en la psique revisen la infancia de sus pacientes para averiguar si esconden abusos sexuales. Porque un buen puñado de ellos efectivamente los esconderán y porque, al trabajar directamente sobre estos, los trastornos y la salud, mejorarán. El abanico de daños causado se abre hasta alcanzar el polo del superviviente que sale ileso, por un lado, y el del que termina quitándose la vida, por el otro. Entre ambos, están la inmensa mayoría.

Por diversos que sean los perjuicios, con la palabra «agradable» de Robert entendí que, incluso los abusos más suaves, pueden generarlos. Porque son más ambiguos y más complicados de digerir. Robert reveló algo que nadie había dicho: por abyectas que sean, las caricias en los genitales provocan placer.

¿Qué clase de niño tiene la entereza de perdonarse haber sentido placer mientras abusaban de él?

Ninguno.

Si es difícil de asimilar para cualquier adulto, la confusión que germina en un cerebro infantil puede ser devastadora. Y guarda mucha relación con la «vergüenza», pero sobre todo con la «culpa». Por eso, el profesor Antonio Andrés Pueyo, que se había incorporado de su silla para dejarme claro que el sexo con menores nunca será legal, me avisó de que por leves que sean las secuelas, siempre enmarañan el desarrollo del crío. Por eso también, James Rhodes quiere recordarle a cada víctima que tiene que repetir-

---

3. R. Maniglio, «The impact of child sexual abuse on health: A systematic review of reviews», *Clinical Psychology Review*, 29, 2010, pp. 647-657.

se la misma frase con la que posiblemente se recordará a Robin Williams: «No fue culpa tuya.»

El exorcismo

Once profesores de los Maristas terminaron siendo denunciados por abusos sexuales cometidos contra alumnos que estudiaban en el colegio de Sants-Les Corts y de La Immaculada después de que Manuel Barbero colgara sus carteles. Cinco de estos eran docentes seglares y seis eran hermanos religiosos. El duodécimo enseñante demandado es Lucio Zudaire, también religioso, que fue acusado por Marc y otros cinco pupilos entre 2010 y 2011. *El Periódico* publicó tres confesiones: Benítez, Amador y Arnold, que se sumaron a la de Zudaire.

En el caso de abusos sexuales en la escuela más grave que se ha documentado hasta la fecha en Catalunya y en España, se vio implicada otra persona, un monitor de comedor del colegio de Sants-Les Corts que metió mano a diversas niñas de 12 años que estaban a su cargo, a finales de 2015. Aquí no hubo ninguna sombra por parte de la actuación de la dirección del centro que en 2011 denunció a Benítez pero ocultó que había confesado. El monitor de comedor, un trabajador externo de la Fundación Pere Tarrés, fue expulsado, denunciado y será juzgado. También porque ha sido trincado con miles de archivos pedófilos en su domicilio. Se incluyó en el recuento oficial de denuncias que manejaba la Generalitat mientras duraba la algarabía, pero en realidad era solo un pederasta que, casualmente, pasó por aquel colegio días antes de que Manuel Barbero zarandeara toda la institución.

No he explicado nada sobre los cuatro hermanos religiosos que completan el elenco de querellados. Dos de ellos ya habían fallecido en febrero de 2016. El tercero, Pablo, docente de La Immaculada, fue denunciado por agredir a una alumna durante una salida que la escuela hizo con los estudiantes a Jaca para esquiar. El cuarto, Celso, fue acusado de pedir favores sexuales a cambio de subir la nota de un examen en Sants-Les Corts. Los hermanos Pablo, Germán y Felip seguían en activo y en contacto con menores en febrero de 2016. Felip en el cargo de subdirector de Sants-Les Corts. Pablo y Germán como responsables de mantenimiento en los centros de Girona y Gavà, respectivamente. Los tres fueron apartados de sus funciones y la Fundación Champagnat se ha hecho cargo de ellos. También sigue cuidando de Zudaire. Con la excepción de los delitos de Joaquim Benítez y los tocamientos del monitor de comedor, que se enfrentan a las condenas más duras que prevé el Código Penal, todo lo demás está prescrito.

Manuel Barbero ha creado la fundación Mans Petites para dar apoyo a víctimas que han sufrido abusos sexuales durante la infancia.

Entre el primer encuentro que tuve con este electricista en el café de Les Paraules (cuando me pareció que su historia olía igual que las pesadillas que habitan en las buenas ficciones) y la confesión que Jota le arrancó a Arnold pasaron 32 días. A partir del Caso Maristas, a esta sociedad ya no le quedó más remedio que contarse a sí misma que hubo un tiempo en el que fueron muchos los niños que cayeron en las manos de pederastas disfrazados de maestros con colgantes en forma de cruz. Acorralados porque eran tan pequeños que importaban más bien poco. En habitaciones de casas de colonias, en salas de informática vacías, en despachos junto a la piscina, en albergues de convivencias, en tiendas de campaña, en salidas para esquiar, en vestuarios, en aulas cerradas o incluso abiertas y llenas. Con trucos de magia, masajes perversos, curas sanitarias ambiguas, desvíos de atención, caricias envenenadas. Junto a la mesa, por debajo del edredón, sobre su regazo, con la luz apagada. Valiéndose de engaños o de una autoridad incontestable. Siempre impunemente. Dentro de escuelas que deberían haberlos rescatado pero que armaron contubernios para tacharlos de mentirosos si osaron gritar para pedir auxilio. Porque nadie ayudó a Eric cuando se convirtió en un chico triste, ni a Miguel cuando se levantó confundido de la camilla de Beni, ni a Candela cuando estaba sobre la falda de Mariano, ni a Carlos cuando lloraba en su pupitre, ni a Ricard cuando regresó del colegio con la cremallera rota, ni a Gisela cuando tuvo que esconderse en el baño, ni a Júlia cuando le dijeron que la culpa era suya por vestir provocativamente, ni a Jota cuando fue violado durante seis años. Ni a ellos ni tampoco al resto. Fueron tantos los que encontraron el valor para decirlo en voz alta durante aquellos días de febrero que, finalmente, resultó imposible seguir ocultándolo.

Índice

1. El origen. 9
2. El encuentro 27
3. La traición de Beni 35
4. El escándalo. 53
5. Candela y Mariano 65
6. El Mago Arnold 79
7. Las tres preguntas 95
8. El precedente de Badalona. 107
9. Los ladrones de la intimidad 117
10. La mácula crece. 127
11. La llamada 141
12. El reclutamiento 151
13. El terror del recreo 163
14. El último truco 173
15. El desenlace posible 191